INHALT

Katja Demming

RAUS AUS DER NARZISSTISCHEN BEZIEHUNG

humboldt

Für Max,

der mir gezeigt hat, was wahre Liebe ist.

VORWORT

Liebe Leserin, lieber Leser,

wenn du dieses Buch in den Händen hältst, hast du vermutlich schon schmerzhafte Erfahrungen hinter dir. Vielleicht verstehst du immer noch nicht so ganz, was dir da passiert ist, und ganz sicher weißt du nicht, wie du dich daraus befreien sollst. Sich von einem Narzissten zu trennen und aus einer toxischen Beziehung zu befreien, ist unsagbar schwer.

Deshalb habe ich dieses Buch geschrieben, in der Hoffnung, dass es dich findet. Es wird dir zeigen, dass mit dir alles stimmt und du absolut in Ordnung bist. Es wird dir erklären, dass du unwissentlich in diese Situation geraten und Opfer einer zerstörerischen Person geworden bist. Es wird dich zurück zu deiner inneren Stärke führen und dir den Weg aus dieser destruktiven Beziehung zeigen.

Das vielfach erfolgreich erprobte Fünf-Schritte-Programm liefert dir alle Informationen, Fähigkeiten und Kräfte, um aus deiner jetzigen Beziehung auszusteigen. Du verstehst, warum ausgerechnet dir das passiert ist und wie du dich davor schützen kannst, dass sich so eine Erfahrung in deinem Leben wiederholt.

Selbst wenn du dich gerade kraftlos, müde und außerstande siehst, diese Verbindung zu lösen, mache dir bitte bewusst, dass du nur dieses eine Leben hast und du auf dieser Welt bist, um glücklich zu sein. Es ist nicht deine Aufgabe, andere glücklich zu machen. Es ist deine Aufgabe, dich selbst glücklich zu machen.

Mit diesem Buch nehme ich dich an die Hand und führe dich heraus aus deinen schmerzvollen Erfahrungen. Lass uns gemeinsam gehen. Du hast genug gelitten. Es wird Zeit für ein glückliches und freies Leben. Du hast so viel mehr Liebe verdient, als du gerade bekommst.

Ergänzend zu diesem Buch gibt es einen Online-Kurs. Mein „Release Program" unterstützt und begleitet dich durch die ersten drei Monate deiner Trennung. Mit 24 Inspirations- und Inputvideos, 24 Meditationen und einem PDF-Workbook mit über 100 selbstreflektierenden Fragen bekommst du mehr Selbstbewusstsein, Stärke, Motivation, Heilung und Frieden. Du kannst dieses Programm allein, innerhalb einer Gruppe oder exklusiv mit mir erleben. Gib mir deine Hand und lass uns gehen.

Weitere Informationen dazu findest du auf meiner Website www.katjademming.com.

DAS MÖCHTE ICH DIR MIT DIESEM BUCH MITGEBEN

„Geh doch einfach! Trenn dich jetzt endlich von diesem Idioten und dann ist alles gut." Ich höre die Worte meiner Freundin noch heute in meinen Ohren.

„Geh doch einfach!" Nur, so einfach war das nicht für mich. Ich war an einen toxischen Menschen geraten – einen Narzissten –, und von dem trennt man sich nicht einfach mal so. Während dieser destruktiven Beziehung wurde ich so sehr manipuliert, destabilisiert und abhängig gemacht, dass mir eine Trennung trotz meines hohen Leidensdrucks völlig unmöglich erschien.

Von einem Narzissten trennt man sich nicht einfach mal so.

Als wir uns kennenlernten, hatte ich gerade eine gescheiterte Ehe hinter mir. Ich lebte als alleinerziehende Mama mit meinen zwei und vier Jahre alten Kindern in einer kleinen Mietwohnung. Er war bezaubernd, verständnisvoll und irgendwie seelenverwandt. Er beteuerte mir, dass er schon immer auf mich gewartet habe, weil ich die Frau seines Lebens sei. Ich fühlte mich noch nie in meinem Leben von einem Mann so geliebt wie von ihm.

Doch das sollte sich alles in nur wenigen Monaten ändern: Abwertung, Enttäuschung, Lügen, Ablehnung und Affären wurden zu ständigen Begleitern dieser Beziehung. Ich, eine selbstbewusste und starke Frau in den Dreißigern, war nicht mehr in der Lage, gut für mich zu sorgen. Ich weinte, kämpfte und hielt alles aus – und das nur, um nicht zu scheitern. Nur, um nicht wieder ungeliebt zu sein. Nur, um mir nicht noch einmal eingestehen zu müssen, dass ich mich wieder in den falschen Mann verliebt hatte.

Ich wurde immer unsicherer, stellte mich ständig infrage, versuchte so zu sein, wie er mich wollte – und machte letztendlich doch alles falsch. Ich weinte nur noch und spürte, dass ich langsam den Lebensmut verlor. Ich erkannte mich selbst nicht mehr wieder.

In destruktiven Beziehungen können sich starke, selbstbewusste Menschen in hilflose Schoßhündchen verwandeln. Sie geben sich völlig auf, versuchen, dem anderen alles recht zu machen, und brechen sämtliche sozialen Kontakte ab, um sich ganz auf den Narzissten fokussieren zu können.

Du kannst dir vorstellen, wie schwer es für mich war, auch noch diese für mich scheinbar so überlebenswichtige letzte Verbindung zu kappen. Vor allem, weil ein Narzisst nach einer Trennung zur Höchstform aufläuft. In meinem Fall versuchte er, mich mit Lügen und Intrigen zurückzugewinnen und machte mir mein Leben schlichtweg zur Hölle. Denn ich hatte seinen Selbstwert verletzt, und das konnte er nicht ungestraft zulassen.

> Viele Narzissten laufen nach einer Trennung zur Höchstform auf.

Als ich nach einer Notoperation wegen eines doppelten Bandscheibenvorfalls in meinem weißen Krankenhausbett lag – mein damaliger Freund hatte es vorgezogen, in den Skiurlaub zu fahren, statt mir beizustehen –, war ich an einem Tiefpunkt angekommen und mir wurde klar, dass es so nicht weitergehen konnte. Ich beschloss, mir ein neues Leben aufzubauen.

Zunächst begab ich mich in psychologische Behandlung, stärkte mein Selbstbewusstsein, holte mir Kraft und meinen unbändigen Willen zurück. Ich trennte mich, ließ alles los, was mir schadete, und zog liebevolle und unterstützende Menschen in mein Leben. Ich suchte mir einen besser bezahlten Job, baute ein Haus für mich und meine Kinder und meldete mich für ein Fernstudium zur Psychologischen Beraterin an. Denn eines war mir durch meine eigene Geschichte bewusst geworden: Aus einer narzisstischen Beziehung schafft man es allein nicht heraus. Dazu benötigt man Wissen, Motivation und Unterstützung. All das möchte ich dir mitgeben.

Mittlerweile arbeite ich seit fast zehn Jahren mit Frauen und Männern zusammen, die toxischen Beziehungen zum Opfer gefallen sind, und begleite sie durch die Trennung. Mir ist es wichtig, dich aufzuklären und dafür zu sorgen, dass du solche Menschen nicht länger anziehend findest.

Entscheide dich dafür, dein Drama nun endlich loszulassen. Beende die Beziehung mit Männern, die gar keine Beziehung mit dir führen. Höre auf zu kämpfen um etwas, was nie wirklich gut für dich war. Mache dir deine Illusionen klar und sei gnadenlos ehrlich zu dir. Trenne dich von deinem Traum, der schon lange zum Albtraum geworden ist.

Du hast so viel mehr verdient in deinem Leben als das, was du gerade durchmachen musst. Du bist es wert, aus ganzem Herzen geliebt zu werden.

Wahre Liebe ist leicht – von Anfang an. Sie schenkt dir Kraft und Lebensfreude. Sie lässt dich über dich hinauswachsen und bereichert dein Leben. Mit diesem Buch möchte ich für dich erreichen, dass du deine toxische Liebe loslassen kannst, um irgendwann diese wahre Liebe zu finden.

Es wäre schön, wenn du dieses Buch nicht einfach Seite für Seite lesen und es dann in dein Bücherregal stellen würdest. Dieses Buch dient deiner Selbsterkenntnis, deshalb nimm dir Zeit, beantworte ganz in Ruhe die Fragen und lass die dabei hochkommenden Gefühle auf dich wirken. Es ist aufgebaut wie ein Coaching: Du kannst beim Lesen an dir arbeiten, Erkenntnisse und innere Stärke gewinnen sowie Heilung erfahren.

Bist du bereit? Dann lass uns starten!

TEIL 7

Warum ich?

Verstehe,
warum ausgerechnet dir
das passiert

WAS IST NARZISSMUS?

Unsere Gesellschaft wird zunehmend narzisstisch.
Die sozialen Medien befeuern den Selfie-Wahn, und sich
perfekt, erfolgreich und schön zu präsentieren, gehört
mittlerweile zum Alltag. Die eigene Selbstdarstellung
wird immer wichtiger und es scheint, als nähme dadurch
auch der Egoismus in unserer Gesellschaft zu.

Narzissten gab es aber schon in der Antike: Narziss, ein wunderschöner Jüngling, wird von Frauen und Männern gleichermaßen begehrt. Er weist sie jedoch alle ab. Selbst als sich die schöne Nymphe Echo in ihn verliebt, lässt Narziss keine Liebe zu. Echo verzehrt sich nach ihm, gibt sich und ihr Leben für ihn auf und ist nur noch ein Schatten

Als toxische Beziehung bezeichnet man Partnerschaften, die einem mehr Kraft rauben als Kraft geben.

ihrer selbst. Diese Dynamik, das Nichtzulassen der Liebe vom Narzissten und die Selbstaufgabe der Partnerin, findet sich auch in modernen toxischen Beziehungen wieder.

Unser Selbsterhaltungstrieb bringt es mit sich, dass wir alle narzisstische Anteile in uns tragen. Abgrenzung, Selbstliebe und ein respektvoller Umgang mit der eigenen Person sind erforderlich, um die eigene Selbstregulierung im Leben aufrechtzuerhalten. Nehmen jedoch die narzisstischen Anteile überhand oder sind sie massiv ausgeprägt, spricht man nicht mehr von einem gesunden Egoismus. Entwickelt ein Betroffener dadurch ein persönliches Leiden, was sich in Depression, Burn-out-Syndrom, Suchtverhalten oder einer hohen Wahrscheinlichkeit für Suizidalität äußern kann, liegt eine klinische Diagnose nahe.

Schauen wir uns die aktuelle Klassifikation der „American Psychiatric Association" (DSM-5) an, dann wird Narzissmus wie folgt beschrieben:

1. Hat ein grandioses Gefühl der eigenen Wichtigkeit (z. B. übertreibt die eigenen Leistungen und Talente; erwartet, ohne entsprechende Leistungen als überlegen anerkannt zu werden).

2. Ist stark eingenommen von Fantasien grenzenlosen Erfolgs, Macht, Glanz, Schönheit oder idealer Liebe.

3. Glaubt von sich, besonders und einzigartig zu sein und nur von anderen besonderen oder angesehenen Personen (oder Institutionen) verstanden zu werden oder nur mit diesen verkehren zu können.

4. Verlangt nach übermäßiger Bewunderung.

5. Legt ein Anspruchsdenken an den Tag (d. h. übertriebene Erwartungen an eine bevorzugte Behandlung oder automatisches Eingehen auf die eigenen Erwartungen).

6. Ist in zwischenmenschlichen Beziehungen ausbeuterisch (d. h. zieht Nutzen aus anderen, um die eigenen Ziele zu erreichen).

7. Zeigt einen Mangel an Empathie: Ist nicht willens, die Gefühle und Bedürfnisse anderer zu erkennen oder sich mit ihnen zu identifizieren.

8. Ist häufig neidisch auf andere oder glaubt, andere seien neidisch auf ihn.

9. Zeigt arrogante, überhebliche Verhaltensweisen oder Haltungen.

Laut DSM-5 müssen fünf oder mehr der genannten Kriterien erfüllt sein, um von einem klinisch diagnostizierten Narzissmus sprechen zu können.

Im Alltag erkennt man einen klassischen Narzissten ganz konkret an folgenden Verhaltensmustern: Er ist empathielos, wertet andere Menschen ab und tritt arrogant auf. Er hat Größenideen und versucht, seine Grandiosität täglich im Außen darzustellen. Er beneidet andere und glaubt, dass diese auch neidisch auf ihn sind. Innerlich fühlt ein Narzisst eine große Leere, die in eine Depression münden kann.

Einen Narzissten erkennt man an Empathielosigkeit, Abwertung, Neid, Kritikunfähigkeit, Arroganz und Berechnung.

Seine Angst, nicht gut genug zu sein, versucht er zu überspielen. In der Tiefe seines Herzens ist er nämlich gar nicht so selbstverliebt, wie er vorgibt, denn er trägt erhebliche Selbstzweifel und Minderwertigkeitsgefühle mit sich herum. Seine größte Angst ist es, dass jemand das erkennen und seine Maskerade so auffliegen könnte. Menschen, die das durchschaut haben, sind für einen Narzissten sehr gefährlich, da sie seine Minderwertigkeitskomplexe enttarnen und ihn so – zumindest in seinen Augen – als Versager dastehen lassen könnten.

Der Entstehung von Narzissmus liegt zum einen eine erbliche Veranlagung zugrunde, zum anderen trägt die Erziehung maßgeblich dazu bei, hohe narzisstische Anteile zu entwickeln. Kinder, die von ihren Eltern ein positives Selbstwertgefühl und eine gesunde Selbstliebe mit auf den Weg bekommen, entwickeln sich zu starken und gefestigten Persönlichkeiten. Bleibt diese Liebe in der Erziehung jedoch aus, entsteht eine tiefe Unsicherheit. Die Konsequenzen sind innere Leere, die Scham, nichts wert zu sein, und die Angst vor Ablehnung.

Die Erziehung kann zur Entwicklung narzisstischer Züge beitragen.

Um diese Defizite nicht für alle sichtbar zu machen, flüchtet sich der Narzisst in ein grandioses Selbstbild. Keine Schwäche, keine Fehler, keine Defizite sollen an seiner Person erkennbar sein. Diese Schutzfunktion hilft ihm dabei, den tiefen Schmerz darüber, ungeliebt zu sein, nicht zu spüren. Um das sicherzustellen, bedient er sich häufig auch der Externalisierung.

Das bedeutet, er sucht Gründe im Außen und beschuldigt andere, wenn sein akribisch aufgebautes, makelloses Bild beschädigt wird.

Auch eine Form der Überbehütung, bei der ein Kind schon sehr früh das Gefühl bekommt, etwas ganz Besonderes zu sein, kann krankhaften Narzissmus auslösen. Diese Kinder verlangen dann auch als Erwachsene eine bevorzugte Behandlung. Der Psychiater und Neurowissenschaftler Raphael Bonelli beschreibt den Narzissten daher keineswegs als unsichere Person, sondern als einen starken, von sich selbst überzeugten Menschen, der sich großartig findet und für unfehlbar hält. Er glaubt, dass er nur das Beste und Großartigste vom Leben verdient hat und sich deutlich über andere Menschen hinwegsetzen darf. Seinem Empfinden nach ist er vom Geburtsrecht her besser und schöner als andere, und er fordert von der Gesellschaft und seinem

> Es gibt auch Narzissten, die sehr verletzlich, überempfindlich und dünnhäutig sind, auch „verdeckte" oder „vulnerable" Narzissten genannt, mehr dazu ab Seite 22.

Umfeld ein, entsprechend behandelt zu werden. Als Beispiel hierfür nennt Bonelli den Fußballspieler Christiano Ronaldo.

Demnach findet man im sogenannten „offenen Narzissmus", auch „grandioser Narzissmus" genannt, zum einen Menschen, die ihr schwaches Selbstbild mit ihrer Grandiosität übertünchen möchten, und zum anderen solche, die sich durch ihre starke Überzeugung von sich selbst sowie ein empfundenes überhöhtes Geltungsrecht auszeichnen.

Es ist wichtig, dass Narzissmus rechtzeitig erkannt wird, denn das macht das Leben für Betroffene und Angehörige einfacher. Wer die Denk- und Handlungsweisen eines Narzissten kennt, kann besser mit den Symptomen umgehen.

Laut Statistiken liegt bei einem Prozent der Bevölkerung ein klinisch diagnostizierter Narzissmus vor. Man kann jedoch von einer höheren Dunkelziffer ausgehen, da einige Patienten unter Diagnosen wie Depression, Burn-out-Syndrom oder Suchterkrankungen zu finden sein können. Narzissmus betrifft häufiger Männer als Frauen, weshalb ich hier von „dem Narzissten" spreche, wohl wissend, dass es auch eine Menge Narzisstinnen gibt.

Viele Psychologen und Psychiater beschreiben Narzissmus als nicht therapier- oder heilbar. Auch wenn es nicht möglich ist, Narzissmus zu heilen, so stellt eine Therapie zumindest eine Besserung der Symptome in Aussicht. In der Therapie lernen Narzissten, an ihrer Selbstwahrnehmung und einem verbesserten Mitgefühl zu arbeiten.

> Klinisch diagnostizierter Narzissmus ist kaum heilbar.

Da ich weder Psychologin noch Psychiaterin bin, steht es mir nicht zu, Narzissmus zu diagnostizieren. Dennoch kann ich mit Sicherheit sagen, dass ich in meinem Leben auf Menschen getroffen bin, die sehr hohe narzisstische Anteile in sich trugen. Ich bezeichne sie der Einfachheit halber im Folgenden als „Narzissten", schließe hierbei jedoch eine bestätigte klinische Diagnose aus.

Es kann sich nur ändern, was wir auch sehen.

Woran du narzisstische Menschen erkennst

Die Beziehung zu einem Narzissten kann sehr kräftezehrend und mitunter traumatisierend sein. Niemand möchte in so eine Partnerschaft geraten, deshalb gestehen sich Betroffene oft nicht ein, dass ihnen genau das widerfahren ist. In meinen Coaching-Sitzungen werde ich oft von Klienten gefragt: „Katja, woher weiß ich, ob mein Partner wirklich ein Narzisst ist?" Die Verhaltensmuster von Narzissten und die Abläufe der Beziehungen, die sie eingehen, ähneln sich stark. Bestimmte Tendenzen lassen sich somit schnell erkennen, und dadurch sind Rückschlüsse auf erhöhte narzisstische Anteile einer Person möglich.

Am Anfang ist es sehr schwer, einen narzisstischen Partner zu entlarven, da er sein „Opfer" mit Liebe und Aufmerksamkeit überschüttet. Der Narzisst zeigt sich nur von seiner besten Seite und stellt viele Gemeinsamkeiten her, um den neuen Partner an sich zu binden. Du bist fasziniert von seinem selbstsicheren Auftreten, seiner Intelligenz und seinem Charme. In deinem ganzen Leben hast du dich wahrscheinlich noch nie so geliebt gefühlt wie in den ersten Monaten mit diesem Partner. Er gaukelt dir eine absolute Seelenverwandtschaft vor und erzeugt in dir die Illusion, genau der Richtige für dich zu sein.

> Die erste Phase mit einem Narzissten ist fast zu schön, um wahr zu sein.

Themen wie Geld, Luxus, Macht, Status und körperliche Schönheit sind ihm enorm wichtig. Dadurch fällt es ihm leichter, angeberisch und überlegen aufzutreten. Er umgibt sich gerne mit wichtigen Menschen wie Akademikern oder mit Persönlichkeiten, die wichtige Ämter besetzen und eine gewisse Position in der Gesellschaft einnehmen. Neben den Vorteilen, die höhergestellte Menschen ihm verschaffen könnten, nutzt der Narzisst diese Kontakte aus, um sein eigenes Ansehen zu erhöhen. Denn wenn er sich mit besonderen Leuten umgibt, muss er selbst ja auch etwas Besonderes sein.

Dieses Verhalten lässt bereits erkennen, wie berechnend der Narzisst agiert und wie er andere gezielt ausnutzt. Manch einer verwechselt dieses Verhalten mit echter Freundschaft und merkt erst nach einiger Zeit, dass er nur benutzt wurde. Denn Menschen, die ein Narzisst nicht mehr braucht, werden kurzerhand ausgetauscht bzw. fallen gelassen. Ein Narzisst hat einmal zu mir gesagt, dass er seine Frauen wie Accessoires sieht und sich jeden Tag neu entscheidet, welche und wie er sie benutzt.

Er wertet gerne andere Menschen ab, erniedrigt sie und weiß vieles besser. Er weist andere auf Fehler hin, denunziert Kollegen beim Chef und zeigt seinem Partner vermeintliche Unzulänglichkeiten auf. Es ist fast unmöglich, sich auf dieses Verhalten einzustellen, denn man bekommt immer wieder das Gefühl, nicht gut genug zu sein – damit projiziert der Narzisst sein eigenes Minderwertigkeitsgefühl auf sein Gegenüber. Projektion gehört zum festen Repertoire eines Narzissten, denn alles, was er an sich selbst ablehnt, versucht er abzuspalten und auf andere zu übertragen. Dadurch steht seiner eigenen Grandiosität nichts mehr im Weg. Sollte es jedoch jemand wagen, ihn zu kritisieren, dann bricht für ihn eine Welt zusammen. Er ist tief gekränkt und verletzt. Häufig reagiert er wütend auf die Anschuldigungen und versucht, die Schuld direkt an den Kritiker oder an einen Dritten weiterzugeben. Sind andere Menschen erfolgreicher, stellen sich bei ihm schnell Gefühle wie Neid, Missgunst, Hass und Rache ein. Um Überlegenheit zurückzugewinnen, versucht er mit allen Mitteln, den Kontrahenten zu übervorteilen.

> Narzissten projizieren ihr eigenes Minderwertigkeitsgefühl auf ihr Gegenüber.

In einer Partnerschaft ist das fehlende Mitgefühl des Narzissten meist am schwersten zu ertragen. Denn egal wie sehr du auch versuchst, ihm deine Gefühle und Bedürfnisse zu erklären: Er kann sie nicht nachvollziehen, geschweige denn sich in dich hineinversetzen. Sein mangelndes Einfühlungsvermögen macht es fast unmöglich, eine liebevolle Partnerschaft zu führen. Wie soll ein Mensch, der sich selbst nicht liebt, auch jemand anderen lieben können?

Vielleicht denkst du jetzt, dass dein Partner zu Beginn der Beziehung doch sehr einfühlsam und mitfühlend war. Das mag stimmen, war vermutlich aber nur vorgespielt, um dich für ihn einzunehmen. Dieses Verhalten kann er jederzeit wieder abrufen, wenn er darin einen Vorteil für sich sieht. Gerade in On-off-Beziehungen verhält sich der Narzisst erneut liebevoll und empathisch, sobald er seine

> On-off-Beziehungen sind typisch für toxische Relationen.

Partnerin zurückgewinnen möchte. Doch kaum ist er sich ihrer Gefühle sicher, verfällt er wieder in seine alten, destruktiven Muster.

Einem Narzissten kannst du nur schwer vertrauen, wahrscheinlich hat er dich schon oft enttäuscht, versetzt, angelogen und womöglich sogar betrogen. Narzissten können sehr skrupellos agieren, nur um sich selbst zu spüren. Dabei gehen sie bis an die Grenzen – und oft genug darüber hinaus.

Immer, wenn er Aufmerksamkeit bekommt, fühlt der Narzisst sich gut – selbst im Streit. Deshalb provoziert er solche Situationen permanent durch sein Benehmen. Sei dir sicher, er weiß, was er macht und auch was er dir damit antut. Doch um dich geht es ihm nicht. Es geht nur um ihn.

Seiner inneren Leere versucht der Narzisst auch durch exzessiven Sport, strenge Diäten oder akribisch durchgeführte Hobbys zu begegnen. Wenn er heraussticht, weil er alles perfekt macht, kann er sich besser spüren.

Mein Ex-Partner hat mal zu mir gesagt, dass er gar nicht anders kann als fremdzugehen. Er liebt es, etwas Verbotenes zu tun. Dieser Nervenkitzel und die Gefahr, erwischt zu werden, sind für ihn wie eine Sucht. In solchen Situationen fühlt er sich lebendig. Solltest jedoch du einmal vom Leben in den Mittelpunkt gerückt werden, zum Beispiel weil du krank wirst und Hilfe brauchst, dann taucht dein narzisstischer Partner vermutlich entweder unter oder er wird plötzlich auch ganz schlimm krank und kann sich nicht um dich kümmern.

Narzissten provozieren oft Streit, um Aufmerksamkeit zu bekommen.

Mitgefühl, Einfühlungsvermögen und Verständnis darf man vom Narzissten nicht erwarten. Nicht, weil er dir nichts gönnt, sondern weil er schlichtweg nicht dazu fähig ist. Narzissten können sich einfach nicht in andere Menschen hineinversetzen und haben dadurch oftmals einen ganz befremdlichen Blick auf Situationen und Begebenheiten.

Viele meiner Klientinnen berichten zum Beispiel davon, dass sie nachts weinend neben ihrem Partner liegen, der das jedoch komplett ignoriert, sich ohne ein klärendes Wort umdreht und einschläft. Äußern sie ihren Missmut darüber, stoßen sie auf Unverständnis. Der Narzisst wird dann höchstwahrscheinlich versuchen, dich davon zu überzeugen, dass du eine falsche und verquere Denkweise hast. Hörst du so etwas immer wieder über Jahre hinweg, läufst du Gefahr, irgendwann nicht mehr unterscheiden zu können, was richtig und was falsch ist. So kam auch ich irgendwann an einen Punkt, an dem ich für meinen Partner ständig Ausreden gefunden habe, um sein merkwürdiges Verhalten vor der Familie und vor meinen Freunden zu verteidigen.

> Narzissten schaffen es, deine Wahrnehmungsfähigkeit zu zerstören.

Nach einigen Monaten konnte ich keinen klaren Gedanken mehr fassen und hatte das Gefühl, einer Gehirnwäsche unterzogen worden zu sein. Ich traute meiner eigenen Wahrnehmung nicht mehr und war häufig komplett verwirrt.

Worte zeigen, wie man gerne wäre.
Taten zeigen, wie man ist.

Weitere Formen des Narzissmus

Die gerade beschriebenen sogenannten „offenen Narzissten" sind nach einiger Zeit und mit einem etwas geschulterten Blick leicht zu enttarnen; man kann bereits nach kurzer Zeit feststellen, wer hohe narzisstische Anteile in sich trägt und wer nicht.

Allerdings gibt es neben dem offenen Narzissmus auch noch eine verdeckte Form, die auch als „vulnerabler Narzissmus" bezeichnet wird. Die Psychologin und Narzissmus-Expertin Dr. Bärbel Wardetzki erkannte, dass diese Art häufiger bei Frauen auftritt. Aber auch Männer können verdeckte narzisstische Persönlichkeitsstörungen aufweisen.

Im Gegensatz zum offenen Narzissten ist der verdeckte Narzisst sehr introvertiert, ruhig und bescheiden in seinem Auftreten. Er möchte nicht im Mittelpunkt stehen, das verunsichert ihn zu sehr. Er trägt ein großes Minderwertigkeitsgefühl in sich, dessen er sich durchaus bewusst ist und weshalb er eher nicht auffallen möchte. Er kümmert sich gerne um andere und ist hilfsbereit und aufopfernd. Darüber hinaus ist er äußerst empfindlich, leicht zu kränken und nimmt vieles persönlich.

> Übertriebene Hilfsbereitschaft, Sensibilität und Introversion sind typische Eigenschaften eines vulnerablen Narzissten.

Aufmerksamkeit holt er sich über die Opferrolle, die er konsequent einnimmt. Bei allem, was im Leben nicht so läuft, wie er es sich vorstellt, ist er immer der Leidtragende: „Ich würde ja gerne dieses oder jenes machen, aber ich kann nicht, wegen meiner Kinder, meines Jobs, meines Partners ...“

> Verdeckte Narzissten sind immer in der Opferrolle.

Ein vulnerabler Narzisst definiert sich über die Reaktionen seines Umfelds und fällt in ein tiefes Loch, wenn die erhoffte Anerkennung ausbleibt. Damit das nicht zu häufig passiert, bindet er andere mittels emotionaler Erpressung an sich. So habe ich im Coaching mehrfach erlebt, dass Mütter ihren Kindern schwere Krankheiten vortäuschen, nur um Aufmerksamkeit und Liebe zu bekommen.

Sein niedriges Selbstwertgefühl führt beim verdeckten Narzissten oft zu einer tiefen inneren Unsicherheit, die er mit seiner scheinbaren Hilfsbereitschaft und Güte zu kompensieren versucht. Er verhält sich jedoch nur so altruistisch, weil er sich durch seine guten Taten selbst erhöht. Der verdeckte Narzisst liebt es, sich aufzuopfern. Selbst wenn es vom anderen gar nicht erwünscht ist, wird eingegriffen mit den Worten: „Ich habe es doch nur gut gemeint."

Auch er kann – wie der offene Narzisst – nicht mit Kritik umgehen und zieht sich dann schnell zurück, um seine Wunden zu lecken. Er hat jedoch kein Problem damit, andere Leute zu kritisieren, abzuwerten und schlechtzumachen. Diese Strategie benutzt er, um selbst ein bisschen größer und stärker zu wirken, als er sich fühlt.

> Narzissten werden nicht gerne kritisiert, werten aber andere Menschen ab, um sich selbst besser zu fühlen.

Der verdeckte Narzisst ist besonders gut darin, seine negative Energie an sein Umfeld weiterzugeben. Das hat zur Folge, dass man sich in seiner Gegenwart ganz plötzlich mies fühlt, ohne zu wissen, warum. Er freut sich, wenn es anderen genauso schlecht geht wie ihm selbst. Ein verdeckter Narzisst hat mir das einmal wie folgt beschrieben: „Ich hasse mich und mein Leben so sehr. Das Einzige, was ich tun kann, ist, dafür zu sorgen, dass andere sich und ihr Leben auch hassen." Dadurch sind Freundschaften mit vulnerablen Narzissten sehr anstrengend. Man könnte sie als Energievampire bezeichnen, da sie einem die Lebensfreude aussaugen und ihre negative Energie hinterlassen.

Verdeckte Narzissten sind sehr auf ihr Aussehen bedacht und in ihrem Perfektionismus gefangen. Sie sind geschmackvoll gekleidet und achten sehr auf eine gute Figur – was sogar zu Essstörungen führen kann. Betroffene Frauen sind oftmals überaus modebewusst und würden nie ungeschminkt aus dem Haus gehen. Ihr Äußeres und ihr Perfektionismus sind quasi das Ka-

> Für Narzissten ist das ganze Leben ein Vergleichen im Wettkampf.

pital, mit dem sie ihre inneren Defizite überspielen wollen. Die Angst, nicht gut genug zu sein, zwingt sie dazu, sich ständig mit anderen zu vergleichen – in der Hoffnung, dem anderen überlegen zu sein.

Eine innere Zufriedenheit mit sich selbst und seinem Leben kann der Narzisst nicht wirklich empfinden, da er ständig fürchten muss, diesen permanenten Wettkampf zu verlieren.

Durch seine charmante und zugewandte Art findet der verdeckte Narzisst leicht Freunde. Diese Freundschaften sind meist nur von kurzer Dauer, da Abwertungen, Neidgefühle und Schuldvorwürfe nicht lange auf sich warten lassen. Der Narzisst hat ein ganz klares Bild von seinen Freunden. Agieren sie nicht so, wie er sich das wünscht, lässt er sie das gleich spüren. Meistens zieht er sich zurück und erwartet, dass der andere auf ihn zukommt, um sich zu entschuldigen. Subtil wird der gewonnene Freund als Quelle der ständigen Bewunderung konditioniert.

Ein typisches Kennzeichen vulnerabler Narzissten ist Neid. Der US-amerikanische Psychiater und Psychoanalytiker Otto Kernberg beschreibt, dass der verdeckte Narzisst sich einerseits vom Neid der anderen ernährt, aber andererseits auch immer neidisch auf den Besitz und die Fähigkeiten anderer ist. Das kann sogar dazu führen, dass seine Vorbilder nachgeahmt und kopiert werden und alles gekauft wird, was mit ihnen zusammenhängt. Dadurch lebt der verdeckte Narzisst im ständigen Bewusstsein von Mangel, Frust und Schwäche, denn man kann einen anderen Menschen nicht eins zu eins kopieren.

Selbst wenn man versucht, es ihm recht zu machen, wird er niemals dankbar dafür sein oder sich darüber freuen, denn ein verdeckter Narzisst will insgeheim seine Probleme behalten. Um diesen Opferstatus aufrechtzuerhalten, kann er zum chronischen Lügner mutieren. Er denkt sich zum Teil hanebüchene Geschichten aus, nur um sein Gesicht zu wahren. Konfrontiert man ihn damit, wird er aggressiv und verdreht die Realität, nur um gut dazustehen.

Der verdeckte Narzisst ist also eine depressive und dünnhäutige Person – scheinbar das komplette Gegenteil vom offenen Narzissten. Bei genauerer Betrachtung wird jedoch sichtbar, dass beide innere Leere, ein geringes Selbstwertgefühl, mangelnde Empathie, Neid, Kritikunfähigkeit und die Beratungsresistenz verbindet. Der eine versteckt diese Eigenschaften hinter aufgeblasenem Getue, der andere verfällt in eine Opferrolle. Die charakteristischen Grundzüge sind jedoch bei beiden gleich.

Eine weitere Form ist der „maligne Narzissmus". Diese Menschen weisen eine Kombination aus Narzissmus, Aggression, Paranoia und antisozialem Verhalten auf. Sie können wirklich gefährlich werden, da sie in vielen Fällen gewalttätig gegenüber ihrem Partner und ihren Kindern sind. Der maligne Narzisst ist in der Lage, extrem grausam, aggressiv und skrupellos zu agieren. Historische Figuren wie Hitler und Stalin werden zu ihnen gezählt.

> Der verdeckte Narzisst ist verletzbar, depressiv, empfindlich, unzufrieden und misstrauisch.

Maligne Narzissten nehmen keine Rücksicht auf die Belange ihrer Mitmenschen. Sie übernehmen oftmals die Herrschaft über andere und greifen zu den äußersten Mitteln, um ihre Wünsche durchzusetzen. Eine Verantwortung für ihr Verhalten übernehmen sie dabei aber nicht. Oftmals gehen ihre Einschätzungen, Handlungen und Denkweisen völlig an der Realität vorbei und sind für viele nicht nachvollziehbar. Sie haben kein Gefühl dafür, was richtig oder falsch ist. Konfrontiert man sie damit, reagieren sie aggressiv und wütend.

> Maligne Narzissten verhalten sich oft rücksichtslos und übernehmen keine Verantwortung für ihr Handeln.

Sie verhalten sich skrupellos, ausbeuterisch und berechnend, um ihre eigene Macht und Größe sicherzustellen. In der Familie, aber auch im Außen, leben sie ihre zum Teil sadistischen Züge aus, was zu schrecklichen Dramen, häufig innerhalb der Familie, führen kann.

Maligne Narzissten haben Angst davor, übervorteilt zu werden, deshalb sind sie anderen Menschen gegenüber in der Regel argwöhnisch und misstrauisch. Es fällt ihnen schwer, zu vertrauen, und so misstrauen sie ihren Mitmenschen, die sie für hinterhältig und gemein halten. Behandelt man sie scheinbar ungerecht, kommt ihre narzisstische

Wut zum Vorschein, die sie zu extremen Handlungen treiben kann. Um andere kleinzuhalten und die Oberhand zu behalten, werten sie ab, suchen nach Fehlern und werden notfalls gewalttätig.

Regeln und Gesetze erkennen sie nicht an. Sie machen sich ihre eigenen Regeln und setzen sich über alles hinweg, was ihnen im Weg ist. Reue ist ein Fremdwort für sie. Sollten sie einmal etwas einsehen und sich entschuldigen, dann nur, weil sie etwas davon erhoffen – zum Beispiel, dass die Familie wieder zurückkommt.

Maligne Narzissten sind psychisch schwer gestörte Menschen. Hier ist es unbedingt notwendig, sich schnell abzuwenden, Hilfe zu holen und das erlebte Trauma mithilfe therapeutischer Behandlung aufzuarbeiten. Dieses Buch richtet sich ausdrücklich nicht an Menschen,

> Maligner Narzissmus ist eine schwere psychische Störung.

die es mit einem malignen Narzissten zu tun haben. Es wäre leichtsinnig, diese kritische Problematik mit einem Buch lösen zu wollen. Falls du den Verdacht hast, einen malignen Narzissten in deinem direkten Umfeld zu haben, dann wende dich am besten direkt an die Polizei, ein Gericht, das Jugendamt oder an einen Therapeuten.

Manchmal verletzen uns ausgerechnet die, die wir am meisten lieben.

Wie narzisstische Eltern erziehen

Als Kind narzisstischer Eltern bist du die Trophäe ihres Lebens. Das eigene Kind soll der Verlängerung der eignen Grandiosität dienen – die Bedürfnisse des Kindes sind hierbei von nachrangiger Bedeutung. Wunsch der Eltern ist es vielmehr, durch die Kinder Anerkennung und Bestätigung zu bekommen, weshalb besondere Begabungen und Talente beim Kind gesucht und unterstützt werden.

Das Kind wiederum versucht, dieser Aufgabe gerecht zu werden, spürt aber gleichzeitig eine auf ihm ruhende Last, etwas ganz Besonderes sein zu müssen – was wiederum zu Minderwertigkeitsgefühlen führt, wenn es den hohen Ansprüchen der Eltern nicht entsprechen kann.

Eine Klientin beschreibt ihre Kindheit so: „Ich war schon als Kind eine ausgezeichnete Klavierspielerin. Immer, wenn wir Besuch hatten, musste ich mich ans Klavier setzen. Ich habe es gehasst. Meine Eltern haben mich immer gelobt und gefeiert, wenn ich vorspielte – doch kaum war der Besuch gegangen, wurde Druck aufgebaut, damit ich noch besser werde."

Narzisstische Eltern geben mit ihren Kindern gerne an.

Narzisstische Eltern bekommen Kinder, weil sie sich ein Abbild ihrer selbst wünschen. Sie sollen perfekt, erfolgreich und angesehen sein und dadurch ihren Eltern Bewunderung abnötigen. Narzisstische Eltern ziehen den Rückschluss, dass sie gute Eltern sind, wenn sie gute Kinder haben. Somit geht es bei der Erziehung gar nicht um die Bedürfnisse des Kindes, sondern nur um die der Eltern. Sie fragen sich permanent: „Was muss mein Kind tun, damit ich besonders gut dastehe?" Um dieses Ziel zu erreichen, manipulieren, unterdrücken und maßregeln sie ihr Kind.

Das Kind lernt schnell: „Wenn ich so bin, wie Mama und Papa mich haben wollen, dann finde ich Beachtung." So ordnet das Kind narzisstischer Eltern sich ständig unter und passt sich an, um sich angenommen und akzeptiert zu fühlen. Diese kindliche Selbstschutzstrategie stellt die Weichen für das weitere Leben, denn das Kind lernt früh, dass es Liebe nur gegen Leistung gibt. Verhält es sich so, wie die Eltern es von ihm erwarten, gehört es dazu und ist ein anerkannter Teil der Familie.

Diese Kinder sind ihr Leben lang auf der Suche nach sich selbst, denn sie haben immer nur danach geschaut, wie sie sein sollen, was von ihnen erwartet wird und welche Bedürfnisse von Mama oder Papa sie erfüllen müssen. Sie waren nicht in der Lage, eine eigene Identität zu entwickeln.

Die Psychologin und Kindheitsforscherin Alice Miller erklärt, dass die Kinder narzisstischer Eltern zwar ständig überhöht, aber als die Person, die sie wirklich sind, nie gesehen und gespiegelt werden. Dadurch können sie ihre eigene Identität nie richtig entdecken, entwickeln und ausleben.

Kinder narzisstischer Eltern können kaum eine eigene Identität entwickeln.

Der Vater möchte in seinem Sohn einen engen Freund haben, der die gleichen Interessen hat und Meinungen vertritt. Dafür wird er protegiert, unterstützt und gefördert. Der Vater hinterfragt dabei nicht, ob der Sohn diese Wünsche teilt, und sieht nicht, wenn sein Sohn ganz andere Bedürfnisse hat. Er hat nur sich und das perfekte Wunschbild seines Sohnes im Blick.

In meinem Bekanntenkreis ging das so weit, dass der Vater fast schon symbiotisch mit seinem Sohn verschmelzen wollte. Sie trugen die gleiche Kleidung, spielten in derselben Tennismannschaft und interessierten sich für die gleichen Themen. Um ihre enge Verbindung noch zu unterstreichen, nannten sie sich gegenseitig „Brüderchen".

Im narzisstischen Vater schlummert allerdings die große Angst, dass sein Sohn ihn einmal überholen und besser und erfolgreicher sein könnte als er selbst. Die Vorstellung, dass das Kind einmal angesehener und intelligenter sein könnte, veranlasst ihn dazu, dem Sohn immer wieder seine Minderwertigkeit vorzuhalten. Während er

Narzisstische Eltern halten ihre Kinder immer klein.

ihn vor anderen auf einen Sockel stellt, findet zu Hause eine permanente Abwertung, Ablehnung und Missachtung statt.

Die Erwartungen an das Kind werden durch emotionale Erpressung und emotionale Gewalt erzwungen. Den Satz „Solange du deine Füße unter meinen Tisch stellst, tust du, was ich dir sage" hat wohl fast jeder schon mal gehört – aber auch Sätze wie „Das kannst du deiner Mutter nicht antun", „Es tut mir weh, wenn du so bist", „Du solltest uns dankbar sein" und „Ohne uns wärst du nichts" gehören zum typischen Repertoire narzisstischer Eltern.

Das Verhalten einer narzisstischen Mutter ist etwas anders. Sie ist in den meisten Fällen eine verdeckte bzw. vulnerable Narzisstin, während der Vater eher ein offener Narzisst ist. Die Mutter identifiziert sich mit der Tochter. Sie möchte sie als Freundin und enge Vertraute an ihrer Seite haben. Gleichzeitig ist sie jedoch ihre Konkurrentin. Mit zunehmendem Alter beneidet sie die Schönheit und Jugendlichkeit ihrer Tochter und ist wütend darüber, dass diese ihr ganzes Leben noch vor sich hat.

> Eine narzisstische Mutter verhält sich ihren Kindern gegenüber kontrollierend und besitzergreifend.

Die Mutter verhält sich ihren Kindern gegenüber sehr besitzergreifend. Unter dem Vorwand, es nur gut zu meinen, erlaubt sie sich übergriffige Handlungen – gesetzte Grenzen der Kinder werden nicht akzeptiert. Sie möchte, ebenso wie der narzisstische Vater, Macht und Kontrolle über ihre Kinder haben.

Werden die Leistungen der Mutter nicht wertgeschätzt, versinkt sie in eine depressive Opferrolle. Sie bemitleidet sich und wertet sich selbst ab, in der Hoffnung, von ihren Kindern aufgewertet, anerkannt und geliebt zu werden. Kinder narzisstischer Eltern fühlen sich immer und überall schuldig, denn sie werden durch Schuldzuweisungen manipuliert.

> In narzisstischen Familien gibt es häufig ein Goldkind, an dem alle anderen gemessen werden.

Innerhalb der Familie gibt es häufig ein „Goldkind", das auf Händen getragen und vergöttert wird, und ein Kind, das seine Unzulänglichkeit und Wertlosigkeit permanent vorgehalten bekommt. Dadurch entsteht unter den Geschwistern ein Konkurrenzkampf, ein ständiger Wettstreit um die Liebe der Eltern. Das Goldkind wird diesen immer gewinnen und das andere bekommt wieder und wieder zu spüren, dass es nichts wert ist. Dieser Erziehungsstil schadet den Kindern nachhaltig.

In einer gesunden Erziehung wird das Kind um seiner selbst willen geliebt, ohne dass es dafür etwas leisten muss. Seine Bedürfnisse werden gehört und ernst genommen und seine Gefühle werden dem Kind gespiegelt, damit es sich selbst erfahren und kennenlernen kann.

Ein Kind, das unter dem Einfluss narzisstischer Eltern steht, kann seine eigenen Gefühle und Bedürfnisse nicht entwickeln. Es kann nur die der Eltern annehmen und erfüllen und trägt lebenslang ein Identitätsproblem mit sich herum. Fragen wie „Wer bin ich?", „Was kann ich?", „Was möchte ich?" und „Was ist mir wichtig?" kann es oft nicht beantworten, weil ihm solche Fragen noch nie gestellt wurden.

Wichtig war stattdessen immer: „Was erwartet man von mir?", „Wie soll ich sein?", „Was braucht mein Gegenüber gerade?" Das hat zur Folge, dass das logische Denken und Handeln, die Fähigkeit, Verantwortung zu übernehmen, die emotionale und Persönlichkeitsentwicklung sowie das Sozialverhalten dieses Kindes in der Regel defizitär sind.

Kinder narzisstischer Eltern haben einen hohen Stresspegel, da sie ständig versuchen, die Wünsche und Bedürfnisse anderer zu erspüren. In sich fühlen sie eine tiefe innere Leere, eine große Unsicherheit. Mit einem überhöhten Streben nach Perfektionismus machen sie sich unangreifbar. Sie sind leistungsorientiert, suchen nach Anerkennung und verfallen nicht selten Süchten, um sich besser zu spüren zu können. Diese Sucht ist eine Suche nach ihnen selbst, nach dem, was ihre Eltern ihnen nicht geben konnten. Sie sehnen sich nach jemandem, der auf sie eingeht, sie versteht, sie ernst nimmt, sie unterstützt und sie bewundert – und zwar bedingungslos.

> Kinder narzisstischer Eltern haben ein geringes Selbstwertgefühl und suchen nach bedingungsloser Liebe.

Diese Suche nehmen die Kinder später als Erwachsene mit in ihre Beziehungen und hoffen darauf, Menschen zu begegnen, die ihnen endlich die Liebe, die sie sich so sehnsüchtig wünschen, schenken. Der Partner soll dabei helfen, die Wunden aus der Kindheit für immer zu schließen. Treffen diese Menschen auf Narzissten, hat diese Hoffnung auf Heilung zur Folge, dass sie oftmals in destruktiven Beziehungen ausharren. So wird bereits die Basis für eine mögliche spätere Co-Abhängigkeit, auch Co-Narzissmus genannt, gelegt.

Fakt ist, dass Kinder narzisstischer Eltern entweder zum Opfer oder zum Täter werden. Entweder sie werden co-abhängig und fühlen sich zu narzisstischen Partnern hingezogen, oder sie weisen selbst eine narzisstische Persönlichkeitsstörung auf.

Ob diese als Spätfolge auftreten wird, hängt immer von der Ausprägung der narzisstischen Züge der Eltern ab. In den meisten Fällen ist nur ein Elternteil narzisstisch, und je nachdem wie liebevoll und ausgleichend das andere Elternteil agiert, zeichnet sich der Grad der Persönlichkeitsstörung beim Kind

Kinder narzisstischer Eltern werden im späteren Leben oft zu Opfern oder Tätern.

mehr oder weniger stark ab. Eine zugewandte, liebevolle Beziehung zu einem Elternteil, den Großeltern oder anderen wichtigen Bezugspersonen kann ebenfalls sehr hilfreich sein.

In meine Coaching-Sessions kommen immer mehr Klienten, die sich auf die Suche nach ihrer Identität machen. Wenn sie es schaffen, nicht länger das Objekt der Eltern zu sein, dann ist ein heilender Transformationsprozess möglich. Dazu müssen sie es sich erlauben, sich zu lösen und sie selbst zu sein – und den Eltern nicht mehr alles recht zu machen.

*Lass dir dein eigenes System
niemals von anderen vergiften.*

Wie der narzisstische Partner dir dein Leben schwer macht

„Du und ich, wir lieben mich" – das ist das Motto, nach dem der Narzisst in einer Partnerschaft lebt. In dieser Beziehung geht es also immer nur um eine Person. Hier gibt sich einer für den anderen auf, um das Gefühl zu haben, ein wenig geliebt zu werden.

Aber ist das wahre Liebe? Kann eine gesunde, erfüllte und glückliche Liebe in dieser Beziehung überhaupt entstehen? Die Psychologin Bärbel Wardetzki schreibt dazu, dass wahre Liebe in destruktiven Beziehungen kaum gelingt, da hier zwei Menschen aufeinandertreffen, die beide in ihrem Selbst tief verletzt sind. Beide tragen den Wunsch in sich, endlich erkannt und erhöht zu werden, und erwarten dies vom jeweiligen Partner. Da keiner in der Beziehung den gegenseitigen Anspruch erfüllt, besteht ein ständiger Konflikt aus Erhöhung, Abwertung und dem Versuch der Veränderung des Partners. Angst vor Nähe konkurriert mit der Angst vor Einsamkeit.

> **In destruktiven Beziehungen geht es oft nicht um wahre Liebe.**

Die narzisstische Beziehung lässt sich in drei Phasen einteilen:
1. Idealisierungsphase
2. Abwertungsphase
3. Wegwerfphase

Tritt ein Narzisst in dein Leben, wird er dich schnell begeistern. Schon nach kurzer Zeit fühlst du dich magisch angezogen. Der Narzisst verspricht dir die ewige Liebe, und es ist nicht Ungewöhnlich, wenn er bereits nach kurzer Zeit um deine Hand anhält. Mit Haut und Haaren lässt du dich auf diesen Menschen ein und hast das Gefühl, er ist speziell für dich gemacht. Ihr schwebt auf Wolke sieben.

Diese erste Phase, auch Lovebombing genannt, wirst du in deinem Leben nie mehr vergessen. Du bist im späteren Verlauf eurer Beziehung bereit, alles auszuhalten, aufzugeben und loszulassen, um immer wieder diese erste Phase zu erreichen. Durch diese liebevolle Behandlung macht der Narzisst dich schon zu Beginn eurer Beziehung gefügig, so kann er dich später leichter manipulieren.

Dieses Liebeshoch hält häufig nicht lange an. Die zweite Phase einer narzisstischen Beziehung ist die Abwertungsphase. Kaum hat der Narzisst dich verführt und weiß, dass du ihm verfallen bist, gibt er sein Verhalten auf. Ständige Liebe, Nähe und Erhöhung werden ihm zu anstrengend.

Jetzt möchte er, dass sich alles wieder um ihn und seine Belange dreht. Er verlangt, dass du ausschließlich für ihn und seine Wünsche da bist. Seinen Erwartungen musst du jederzeit entsprechen. Tust du das nicht, bestraft er dich mit Ignoranz und wertet dich ab. Er verstößt und verurteilt dich und gibt dir das Gefühl, unzulänglich und nicht genug zu sein. Dieses Gefühl kennst du vermutlich schon aus deiner Kindheit und wieder verwechselst du dieses Verhalten mit Liebe und tolerierst den Missbrauch.

Nach einer Phase der Liebesbekundung zeigt der Narzisst sein wahres Ich.

Der Narzisst macht dich für alles, was in seinem Leben nicht läuft, verantwortlich. Permanent überträgt er dir jetzt seine Schuldgefühle. Langsam zweifelst du immer mehr an dir selbst und bist ratlos, wie du dich richtig verhalten sollst. In der Hoffnung, dass alles wieder so wird wie am Anfang, wenn du nur endlich so bist, wie er dich gerne hätte, hältst du sein destruktives Verhalten aus.

In dieser Phase entfernt sich der Narzisst immer weiter von dir. Meistens sucht er jetzt nach einer neuen Quelle der Anerkennung oder hat bereits eine Affäre. Du weißt oft nicht, wo er ist, was er macht und wann er nach Hause kommt. Eine Frau reicht dem Narzissten nicht aus. Er braucht andauernd Bestätigung, häufig in Form von Affären.

So sehr du dich auch bemühst, keine Fehler zu machen und perfekt zu sein, er wird immer etwas an dir auszusetzen haben. Du bist hilflos und wünschst dir nichts mehr, als dass er dich einfach wieder so liebt wie in der ersten Phase eurer Beziehung.

Deine Art, für eure Beziehung zu kämpfen, findet der Narzisst zunehmend abstoßend. Deine Ver-

> Je mehr du nach seiner Liebe strebst, desto weiter entfernt sich der Narzisst von dir.

zweiflung und Angst kann er förmlich riechen und empfindet sie als unsexy. Du bist seiner Ansicht nach dafür verantwortlich, dass eure Beziehung sich so dramatisch verschlechtert hat. Er wirft dir vor, psychisch gestört zu sein, schlägt dir eine Therapie vor und behauptet, dass dich so, wie du jetzt bist, niemand mehr haben möchte.

Seine seelische Grausamkeit kann in Gewalttätigkeiten münden. Meistens sind jedoch die emotionalen Verletzungen schlimmer als die physischen, sie sind zwar unsichtbar, verheilen aber oft nicht ohne therapeutische Hilfe.

Zu diesem Zeitpunkt interessiert sich der Narzisst bereits nicht mehr für dich. Er betrachtet dich als Klotz am Bein und behandelt dich so lange schlecht, bis du es nicht mehr aushältst und gehst. Alles, was von dir übrig bleibt, ist ein Schatten deiner selbst – voller Selbstzweifel, psychisch tief verletzt und unselbstständig. Aus der anfänglichen Seelenverwandtschaft ist ein Albtraum geworden.

> Der Narzisst nimmt dir erst dein Selbstwertgefühl, dann deine Würde und dann wirft er dich weg.

Oftmals geht dieses ausbeuterische Verhalten auch mit finanzieller Ausnutzung einher. Viele Opfer sind nach der Trennung mittellos oder völlig verschuldet. Nach diesen Erfahrungen ist es extrem schwierig, wieder auf die Beine zu kommen und an sich zu glauben.

Manchmal müssen wir erst durch die Hölle gehen, bevor wir den Himmel sehen können.

Warum du nicht vom Narzissten loskommst

Ein wesentlicher Grund, warum Menschen sich so schwer aus narzisstischen Beziehungen lösen können, liegt in deren Kindheit begründet, die mitunter die Weichen für eine spätere Co-Abhängigkeit von einem Narzissten legt. Diese Menschen hatten das Gefühl, sich die Liebe ihrer Eltern verdienen zu müssen. Deinen Eltern ist vermutlich nicht einmal bewusst, welche Wunden sie dir zugefügt haben. Wahrscheinlich haben sie Ähnliches erlebt und selbst nie Liebe erfahren. Wenn du Kinder hast, weißt du, dass Eltern alles zum Wohl ihrer Kinder tun würden, das gelingt aber einfach nicht immer.

Um in schwierigen Familienverhältnissen zu überleben – und damit meine ich nicht nur narzisstische Eltern –, eignet sich ein Kind unterschiedliche Strategien an. Es lernt sich so zu verhalten, wie es von den Eltern erwartet wird. Es entwickelt ein „falsches" Selbst, das den Wünschen der Eltern entspricht.

Das Gefühl, gebraucht zu werden, macht uns abhängig von anderen Menschen.

Dadurch weiß das Kind irgendwann nicht mehr, wer es wirklich ist. So entsteht eine direkte Abhängigkeit von den Wünschen und Erwartungen anderer.

Wer diese Kindheitserfahrungen gemacht hat, opfert sich im späteren Leben oft hingebungsvoll für andere auf, ohne an sich selbst zu denken, denn darüber definiert sich der eigene Wert: „Ich tue alles für meinen Mann und meine Kinder, dadurch fühle ich mich wichtig, unentbehrlich und geliebt", erklärte mir eine Klientin, die über Jahre hinweg von ihrer Familie ausgenutzt wurde. Als Ergebnis war sie physisch extrem ausgelaugt. Als ich ihr empfahl, sich mehr auf sich selbst zu konzentrieren und sich etwas Gutes zu tun, antwortete sie mir: „Dann macht doch mein Leben gar keinen Sinn mehr." Die Frau war der Auffassung, dass sie auf der Welt ist, um sich für ihre Familie bis zur Selbstaufgabe aufzuopfern.

Der Narzisst sucht und findet mit sicherem Gespür sein Pendant in diesem beziehungssüchtigen Menschen. Als Co-Abhängiger kümmert er sich vorrangig um andere Menschen, um Liebe, Respekt und Anerkennung zurückzubekommen. Co-Abhängige füllen ihre innere Leere mit völliger Unterwerfung in sämtlichen Beziehungen. Nicht nur in Familie und Partnerschaft, sondern auch in freundschaftlichen Beziehungen und im Job. Generell sind diese Menschen bei anderen sehr beliebt, weil man von ihnen viel bekommen kann – und sie so viel zu geben haben.

> Co-Abhängige opfern sich für andere auf, um im Gegenzug Liebe und Wertschätzung zu erhalten.

Ein Narzisst nimmt lieber, als dass er gibt. Mit sehr hoher Wahrscheinlichkeit schenken Co-Abhängige ihm besondere Aufmerksamkeit und das permanente Gefühl der Unentbehrlichkeit. Der Partner liefert dem Narzissten mit seinem hingebungsvollen Verhalten den Nährboden für dessen Großartigkeit.

Diese toxische Symbiose dauert allerdings nicht lange. Die Liebe, Wertschätzung und Anerkennung, die sich ein Co-Abhängiger für seine Leistung wünscht, wird ihm der Narzisst nach kurzer Zeit verweigern, denn er empfindet die Aufwertung anderer als gleichzeitige Selbstabwertung.

Die daraus resultierende Dysbalance innerhalb der Beziehung versucht der Co-Abhängige dem Narzissten immer wieder zu spiegeln. Er erhofft sich dadurch mehr Verständnis und Liebe. Ein Narzisst lässt sich jedoch in kein Gefängnis sperren. Überhaupt bedeutet es für die Beziehung das Ende, wenn einer versucht, den anderen zu „therapieren".

Vielleicht fragst du dich gerade, ob du auch zu den Co-Abhängigen gehörst. Falls dem so ist, dann ist das absolut nichts Schlimmes und du musst dich deswegen nicht schämen. Es ist lediglich eine Bewältigungsstrategie, die du als Kind entwickelt hast, weil dir Bindungstraumata zugefügt worden sind.

Co-abhängige Menschen treffen nicht gerne Entscheidungen. Sie können nicht gut für sich sorgen und kennen ihre eigenen Bedürfnisse nicht. Sie fühlen sich ständig verantwortlich für die Gefühle und Probleme anderer und geben gerne ungefragt Ratschläge. Werden diese dann nicht umgesetzt, sind sie enttäuscht und fühlen sich abgelehnt.

Co-Abhängigkeit ist eine Selbstschutzstrategie.

Mit Ablehnung kann ein Co-Abhängiger nicht umgehen. Er möchte immer das Richtige tun und dazugehören. Ist sein Gegenüber undankbar für das, was er für ihn tut, fühlt sich der Co-Abhängige ausgenutzt und missbraucht. Er kann keine Grenzen setzen und möchte niemals irgendwo anecken, deshalb vertritt er seine Meinung nicht.

Die Menschen, für die er sich gerade aufopfert und durch die er seinen Selbstwert generiert, verteidigt er bis zum Letzten. Auch wenn niemand mehr verstehen kann, warum der Co-Abhängige immer noch an der Seite des Narzissten lebt, steht er zu hundert Prozent hinter seinem Partner. Dieses Verhaltensmuster kennen Co-Abhängige bereits aus ihrer Kindheit.

Co-Abhängigen sind die Bedürfnisse anderer wichtiger als die eigenen.

Die gute Nachricht: Co-Abhängigkeit ist behandelbar, du bist in der Lage, dich davon zu befreien. Den Weg dahin erkläre ich dir ausführlich im zweiten Teil des Buches, aber ich verrate dir schon einmal, dass Selbstliebe der Schlüssel hierfür ist. Rückblickend kann ich sagen, dass diese Reise zu mir selbst die schönste Reise meines Lebens war.

WAS DEINE KINDHEIT DAMIT ZU TUN HABEN KÖNNTE

Bei mir konnten Heilung und Veränderung erst statt-finden, als mir klar wurde, warum ich Narzissten anzie-hend und attraktiv fand. Ich glaubte immer, eine wunder-volle Kindheit gehabt zu haben. Ja, ich würde auch heute noch sagen, dass sie schön war und meine Eltern mir viel ermöglichten. Deshalb hätte ich auch nie vermutet, dass den Verhaltensstrukturen in meiner toxischen Beziehung ungute Erfahrungen in meiner Kindheit vorausgingen.

Sehr oft erlebe ich im Coaching, dass Klienten berichten, sie seien wohlbehütet und liebevoll aufgewachsen. Doch frage ich genauer nach, welche Sätze zu Hause häufig fielen, welche Gefühle toleriert bzw. verboten wurden oder wie sehr man sich für ihre Bedürfnisse und Wünsche interessiert hat, ist nachdenkliches Schweigen oft die Antwort.

Deshalb ist es nun an der Zeit, dass auch du deine Kindheit hinterfragst. Nicht, um einen Schuldigen für deine derzeitigen Probleme zu finden, sondern um zu verstehen, warum du dich so entwickelt hast. Es ist wichtig, dass du dich selbst gut kennst, um bewusst die Dinge, die dich zurückhalten, zu ändern, und dein Leben auf ein neues Level zu bringen.

Auch eine scheinbar behütete Kindheit hinterlässt ihre Spuren.

Als Kinder hinterfragen wir unsere Eltern nicht. Wir sind von ihnen abhängig und gehen mit großem Vertrauen davon aus, dass alles, was sie tun, gut und richtig ist. In der Kindheit vermitteln die Eltern uns ein Gefühl dafür, was Liebe ist.

Umso wichtiger ist es, als Erwachsener einmal einen klaren Blick auf die Vergangenheit zu werfen und zu hinterfragen, was gut war und was nicht. Jetzt, da du nicht länger abhängig von deinen Eltern bist, darfst du es dir erlauben, deine Identität zu verändern, ohne mit Strafe oder Liebesentzug rechnen zu müssen. Du bist jetzt in der Lage, eigenverantwortlich auf vergangene Erlebnisse zu schauen, sie zu heilen und positive Konsequenzen für dich daraus zu ziehen.

Eltern bringen den Kindern bei, wie sich Liebe anfühlt.

Sich mit seiner persönlichen Geschichte auseinanderzusetzen kann schmerzhaft sein. Längst vergessene Verletzungen kommen plötzlich hoch und überwältigen einen. Aber selbst wenn sie dir Angst machen: Du hast sie bereits einmal überlebt und wirst es dieses Mal wieder schaffen. Entziehe dich diesem Abschnitt deines Lebens und deiner Verantwortung dir gegenüber nicht – denn nur so hast du die Chance auf Heilung. Du bist in der Lage, deine Gefühle zu verstehen und sie zu heilen, um endlich deinen Frieden zu finden. Dieser Frieden verbindet dich wieder mit dir selbst.

Nicht immer waren es die Eltern, die uns die seelischen Verletzungen zugefügt haben. Auch Großeltern, Tanten und Onkel, Geschwister, Lehrer, Trainer, Freunde oder Klassenkameraden können dazu beigetragen haben. Lass uns nun gemeinsam die unterschiedlichen emotionalen Verletzungen genauer betrachten. Behalte dabei immer im Blick, wer dir den Schmerz jeweils zugefügt haben könnte. Es lohnt sich, beim Lesen ab und zu innezuhalten, sich zu erinnern und seine Gedanken und Gefühle aufzuschreiben.

Lass Menschen los, die dich kleiner machen,
nur um selbst größer zu erscheinen.

Wie man dich schon früh gekränkt hat

Die Entwicklung eines geringen Selbstwertgefühls hängt oft mit der Häufigkeit von Kränkungen zusammen. Oder anders ausgedrückt: Wir entwickeln ein gesundes Selbstwertgefühl, wenn wir möglichst wenige bewusste Kränkungen erlitten haben. Vor allem narzisstische Eltern – aber nicht nur sie – tun dies aber ganz bewusst, um ihre Kinder kleinzuhalten und Macht und Kontrolle über sie auszuüben. Kränkungen entstehen durch Kritik, Zurückweisung, Ausschluss, Verachtung oder Entwertung.

Ein gesundes Selbstwertgefühl kann nur entstehen, wenn bewusste Kränkungen so gut wie möglich vermieden werden.

Als Tochter einer narzisstischen Mutter ist man Kränkungen von Geburt an gewohnt. Meistens versucht die Mutter ihr Kind – insbesondere ihre Tochter – über sein Äußeres zu verletzen: „Wie siehst du denn schon wieder aus?", „Hast du zugenommen?", „Das Kleid steht dir gar nicht!", „Bei deinem Freund könnte ich auch noch landen", „Ich sehe noch so jung aus, ich könnte deine Schwester sein" … Das sind typische Sätze einer narzisstischen Mutter. Töchter weiblicher Narzissten haben laut Dr. Bärbel Wardetzki oftmals Essstörungen wie Bulimie und Magersucht. Nach dem Motto: „Bist du schlank, wirst du geliebt."

Leider hat die Mutter dennoch immer etwas an ihrem Kind auszusetzen. Sie kritisiert es für die Art und Weise, wie es den Tisch deckt, die Wäsche faltet, mit seinen Geschwistern umgeht oder ein Bild malt. Egal was es tut, sie versucht es zu beleidigen, um es zu schwächen. Damit das Kind die Mutter niemals überholen kann, erniedrigt sie es und erhöht damit ihren eigenen Selbstwert. Die liebevolle Mutter, die ihr Kind lobt, bestätigt und stolz auf seine Erfolge ist, erlebt das Kind – wenn überhaupt – nur sehr selten.

Die seelischen Verletzungen, die daraus entstehen, bleiben ein Leben lang. Das erwachsene Kind definiert sich über sein Äußeres, möchte perfekt sein und niemandem einen Anlass zur Kritik geben. Es kämpft sein Leben lang darum, perfekt zu werden. Auch als Erwachsener wünscht es sich nichts sehnlicher, als die Anerkennung seiner Mutter.

> Narzisstische Mütter finden immer etwas, für das sie ihre Kinder kritisieren können.

Der narzisstische Vater hält seine Kinder eher über die mangelnden Leistungen klein und kränkt sie durch Sätze wie: „Du schaffst das sowieso nicht", „Der zweite Gewinner ist der erste Verlierer", „Der andere war viel besser als du" oder „An meine Leistungen kommst du sowieso nie heran".

Gelingt es den Kindern dennoch, besser und erfolgreicher zu sein als ihr Vater, dann findet er Ausreden wie: „Ach, das ist doch mit früher nicht mehr zu vergleichen. Ihr bekommt doch heute alles in die Wiege gelegt, was ich mir noch hart erkämpfen musste." Bei dieser Argumentationsführung ist das Kind machtlos.

Je älter das Kind wird und je erfolgreicher es ist, desto gemeiner und destruktiver werden die Handlungen des Vaters. Er benutzt das Kind für seine Belange, fordert Hilfe und Unterstützung ein, gibt im Gegenzug aber nichts zurück. Das Kind fühlt sich missbraucht, ausgenutzt und leer. Es erlebt diesen Umgang als eine tiefe Kränkung seines Selbstwertes: Es ist also nur da, um die Arbeiten des Vaters zu verrichten.

Wardetzki spricht hier von einem Opfer-Täter-Machtspiel. Das Kind ist als psychologisches Opfer den Eltern ausgeliefert und unterlegen. Die Eltern versuchen, als Täter Macht und Kontrolle über ihre Kinder zu erlangen. Da sie es nicht anders kennen, verwechseln die Kinder dieses Verhalten in ihren späteren Beziehungen oft mit Liebe.

Das Opfer-Täter-Machtspiel wiederholt sich im späteren Verlauf des Lebens sehr oft in narzisstischen Beziehungen.

Auch in Kindergarten, Schule, Sportverein oder durch die eigenen Freunde und Klassenkameraden kann es immer wieder zu Kränkungen kommen. Hieraus leiten viele Menschen einen Teil ihrer Identität ab. Vermittelt zum Beispiel der Lehrer seinem Schüler das Gefühl, in einem bestimmten Fach nicht gut zu sein, glaubt der Schüler das,

> Nicht nur Eltern, auch Schulkameraden, Lehrer oder Trainer haben Einfluss auf unser Selbstwertgefühl.

verinnerlicht es und bestätigt dies mit schlechten Noten immer wieder. Im Inneren des Kindes breitet sich die Überzeugung aus, ein schlechter Schüler zu sein.

Ebenso kann es zu Kränkungen durch Freunde und Klassenkameraden in Form von Mobbing, Ausschluss aus der Gruppe oder Hänseleien kommen. Auch hier verinnerlicht der Betroffene das Gefühl, von niemandem wirklich gemocht zu werden oder nicht dazuzugehören. Diese negativen Erfahrungen tragen zur Entwicklung unserer eigenen Identität bei und können zur Instabilität des Selbstwertgefühls führen.

Kränkungen jeglicher Art lösen Angst aus – vor Wertlosigkeit, Ablehnung, Liebesverlust und Unverständnis. Hinzu kommt die Angst davor, nicht gut genug zu sein, verlassen zu werden und anderen zu vertrauen. Haben wir häufig solch schlechte Erfahrungen gemacht, gewöhnt sich unser System daran. Dies wiederum erklärt, warum so viele Menschen in destruktiven Beziehungen stecken bleiben: Sie kennen es einfach nicht anders.

Niemand auf dieser Welt hat ein Leben voller
Ablehnung und Demütigung verdient – auch du nicht.

Warum du unbedingt dazugehören möchtest

Zurückweisung, Ausschluss und Ablehnung hinterlassen schmerzhafte Verletzungen im Menschen. Man könnte diese auch als unmittelbare Gewalt bezeichnen, die über verbale und verhaltensbasierte Maßnahmen auf das Gegenüber ausgeübt wird. Auch wenn Eltern der Meinung sind, dass sie im Interesse ihres Kindes handeln bzw. erzieherische Gründe vorgeben, bleibt es eine Form des Missbrauchs.

Ablehnung ist eine Form des Missbrauchs.

In der Realität sieht das so aus: Benimmt sich ein Kind nicht so, wie es die Eltern von ihm erwarten, strafen sie es mit bösen Blicken und Ignoranz. Kurzerhand verbannen sie es vom gemeinsamen Esstisch oder schließen es vom Familienausflug aus. Manche Eltern behandeln ihre Kinder nach unerwünschtem Verhalten einfach wie Luft und reagieren gar nicht mehr auf sie.

Mit Ablehnung und Ausschluss aus einer bestehenden Gruppe können wir nur sehr schwer umgehen. Die Erklärung dafür liegt in unserer Vergangenheit: Als wir noch Jäger und Sammler waren, gestaltete sich das Überleben in der Wildnis als sehr schwierig. Die Gemeinschaft bot Sicherheit, und ein Ausschluss aus der Gruppe hätte früher den sicheren Tod bedeutet.

Zugehörigkeit gibt Sicherheit.

Auch heute noch tragen wir ein hohes Bedürfnis nach Zugehörigkeit in uns. Werden wir von anderen abgelehnt oder ausgeschlossen, kann das zu Panik- und Angstattacken führen. Wir glauben, allein nicht bestehen zu können. So entwickeln wir früh eine tiefe Angst davor, verlassen zu werden, diese Angst prägt uns für unser ganzes

Leben. Trennungen nach langjährigen Beziehungen können an diese leidvollen Erfahrungen andocken.

Aber nicht nur die Person an sich, sondern auch ihr Verhalten kann abgelehnt werden. Wenn ich als Kind laut, fröhlich und wild durch die Gegend getanzt bin und total glücklich war, bremste mich meine Mutter immer aus und sagte: „Du wirst heute noch weinen." In den meisten Fällen kam es tatsächlich so. Ich weinte noch am selben Tag, und irgendwie hatte ich damals häufig das Gefühl, dass es meine Mutter freute, dass sie recht behalten hatte.

Ich lernte daraus: Fröhlich zu sein ist nicht erwünscht, es wird abgelehnt. Die Folge für mein Erwachsenenleben war, dass ich geradezu nach Problemen suchte, um nur nicht glücklich zu sein. Unterbewusst erlaubte ich mir quasi gar kein Glück mehr und sabotierte mich ständig selbst.

Werden Fehler und Ungeschicklichkeiten von Eltern immer wieder negativ und abwertend kommentiert, löst das auf Dauer ein Gefühl der Unzulänglichkeit aus. Das Kind gerät in eine teuflische Spirale: Da es Ablehnung vermeiden möchte, bemüht es sich, so gut wie möglich zu sein. Gleichzeitig hat es so viel Angst, wieder einen Fehler zu machen, dass es noch ungeschickter agiert. Das Kind ist also nicht primär ungeschickt, sondern es ist durch die permanente Abwertung ungeschickt geworden.

Abwertung, Ablehnung und Ausschluss führen zu Unsicherheit und empfundener Wertlosigkeit.

Da narzisstische Eltern sehr hohe Ansprüche an ihre Kinder stellen, kann es passieren, dass diese verstoßen werden, wenn sie nicht den Erwartungen entsprechen. Manchmal kommt es sogar zum Kontaktabbruch seitens der Eltern: „Wenn du nicht bist, wie wir dich wollen, bist du nicht länger unser Kind."

Selbst im Erwachsenenalter geschieht so etwas noch, beispielsweise wenn man sich für den falschen Partner entscheidet. Da narzisstische Eltern immer auf eine möglichst gute Außendarstellung ihrer

Familie achten, sollte das Schwiegerkind ebenfalls aus gutem Hause kommen, vermögend oder zumindest Akademiker sein. Es geht ihnen nicht darum, dass das eigene Kind in seiner Partnerschaft glücklich ist; sie möchten lediglich ihr eigenes Ansehen über die Schwiegerkinder erhöhen.

Das Gefühl, abgelehnt zu werden und irgendwie nicht richtig zu sein, wird den Kindern auch vermittelt, wenn sie unerwünschte Gefühle zeigen. Wut, Trauer oder Zorn möchten die Eltern bei ihrem Kind nicht wahrnehmen und ersticken sie im Keim. Weint ein Kind, muss es sich Sätze gefallen lassen wie: „Deswegen brauchst du doch nicht zu weinen" oder „Jetzt stell dich doch nicht immer so an". Dabei werden ganz massiv echte Gefühle des Kindes nicht toleriert bzw. heruntergespielt.

> Gefühle wie Wut, Trauer oder Zorn werden bei Kindern narzisstischer Eltern nicht toleriert.

Auch hierbei handelt es sich um Missbrauch, denn das Kind lernt nicht, sich zu spüren und seine Gefühle zu erleben, sondern muss sie unterdrücken und abspalten. Eine passendere Reaktion wäre, das Kind in den Arm zu nehmen, zu trösten und es mit folgenden Worten zu spiegeln: „Ich sehe, du bist traurig. Weine ruhig. Was macht dich denn gerade so traurig?"

Auf diese Weise bekommt das Kind ein gesundes Verhältnis zu dem, was emotional in ihm geschieht. Gleichzeitig merkt es, dass es in Ordnung ist zu weinen und dass es geliebt wird, so wie es ist. In vielen Familien sind allerdings bestimmte Gefühle wie Wut, Trauer, Angst nicht erwünscht. Entweder weil die Eltern selbst mit diesen Gefühlen nicht umgehen können, oder weil man in einem „guten" Hause solche Gefühle nicht zeigen darf. Brav, lieb und angepasst sein, den Schein nach außen wahren, das ist die oberste Prämisse.

*Wenn du für die Liebe etwas leisten musst,
dann ist es keine Liebe.*

Wieso du erst etwas leisten musst, bevor du geliebt wirst

In narzisstischen Familienstrukturen – und nicht nur dort – ist es üblich, dass man Liebe nur gegen Leistung bekommt. Funktioniert das Kind, indem es sich gut benimmt, bei der Hausarbeit hilft oder gute Noten aus der Schule mit nach Hause bringt, bekommt es Lob und Aufmerksamkeit. Diese Art des Belohnungssystems prägt natürlich sehr, und das Kind versucht schon früh, nur noch Dinge zu tun, die ihm Anerkennung bringen.

Viele Menschen glauben, sie müssen erst etwas leisten, um geliebt zu werden.

Es leistet viel, um sich geliebt zu fühlen und gesehen zu werden. Sein Selbstbild vermittelt ihm, dass es als Person nichts wert ist und allein seine Leistungen zählen. Seine Identität und seinen Selbstwert erhält es einzig und allein durch seine Leistungen. Versagt es einmal, wird sein Selbstbild zerstört.

Als Erwachsene können sich solche Menschen nur annehmen, wenn sie den Tag über fleißig und produktiv sind. Haben sie sich ein paar ruhige Minuten gegönnt, maßregeln sie sich abends dafür. Menschen, die sich selbst nur lieben und annehmen können, wenn sie viel leisten, sind prädestiniert für einen Burn-out. Sie haben nie gelernt, auf ihre eigenen Bedürfnisse zu hören, und übergehen sich dadurch immer wieder selbst.

Kinder lernen durch diese Konditionierung, dass sie nur liebenswert sind, wenn sie etwas geben. Dies kann zur völligen Selbstaufgabe und Aufopferung führen. Tief im Inneren trägt das Kind den Schmerz: „Ich bin nicht richtig. Erst, wenn ich von mir aus viel gebe, bin ich etwas wert."

Meines Erachtens leben heutzutage sehr viele Menschen mit einer solchen Wunde. Deshalb versuchen sie, nach außen hin immer mehr zu sein, als sie eigentlich sind, und mehr zu geben, als sie eigentlich können. Diese Einstellung macht sie zu einem gefundenen Fressen für den Narzissten, denn der liebt es, von seinem Partner eine außergewöhnliche Behandlung zu bekommen.

Wer nach dem Prinzip „Liebe gegen Leistung" erzogen wurde, kann bedingungslose Liebe oft nicht annehmen.

Erwachsene aus solchen Familienstrukturen verwechseln später Leistung mit Liebe. Für sie ist es normal, dass sie sich im Leben alles erarbeiten und sich die Liebe ihrer Mitmenschen erkämpfen müssen. Das Traurige an dieser Konditionierung ist, dass Betroffene es nicht einfach annehmen können, wenn ihnen jemand Liebe schenkt – bedingungslos. Diese Art der echten Liebe empfinden sie als falsch und minderwertig.

Sind diese Personen später in einer destruktiven Beziehung gelandet, halten sie unendlich viel aus. Sie glauben, wenn sie Verständnis und Nähe geben, dann bekommen sie endlich die Liebe, die sie sich so sehr wünschen. In den meisten Fällen ist dies ein Trugschluss.

Kommt eine Klientin in meine Beratungspraxis, deren Konditionierung „Liebe gegen Leistung" war, ist es extrem schwierig, sie aus ihrer destruktiven Beziehung zu befreien. Sie hat schon so viel in diese Beziehung investiert, dass sie für sich einfach davon ausgehen muss, dass diese Liebe auch erwidert wird. „Ich liebe ihn doch so sehr", höre ich immer wieder. Frage ich dann, was genau sie an ihrem Partner liebt, werden in der Regel Eigenschaften und Taten aus der Lovebombing-Phase genannt. Doch wenn sie ehrlich ist, weiß sie, dass diese Phase schon längst vorbei ist.

Liebe sollte immer eine Bereicherung für dein Leben sein.

Liebe sollte immer ein Geschenk sein. Du solltest um deiner selbst willen geliebt werden. So, wie du bist, und nicht so, wie du angeblich zu sein hast. Dazu gehört die Voraussetzung, dass du dich auch selbst so liebst und annimmst, wie du bist.

Halte niemanden fest,
der dich auch nicht hält.

Warum du dich wertvoll fühlst, wenn du anderen hilfst

Narzisstische Eltern benutzen ihre Kinder oftmals für ihre eigenen Anliegen. Vielleicht musstest du dich viel zu früh um deine Geschwister kümmern, für deine Großeltern sorgen oder du musstest die Partnerrolle für deine Mutter übernehmen, da der Vater immer abwesend war. Vielleicht war deine Mutter oder dein Vater alkoholkrank oder drogensüchtig.

Auch Schicksalsschläge wie der frühe Verlust eines Elternteils oder ernsthafte physische oder psychische Erkrankungen können Auslöser für die Entwicklung eines Helfersyndroms sein. Egal, was genau passiert ist: In allen Fällen mussten die Kinder viel zu früh erwachsen werden und in Rollen schlüpfen, denen sie nicht gewachsen waren. Ihre Eltern wollten oder konnten ihre Elternrolle nicht übernehmen, gaben die Verantwortung an ihre Kinder ab und beraubten sie damit eines Stückes ihrer Kindheit.

> Wenn Kinder zu früh in die Rolle eines Erwachsenen schlüpfen müssen, entsteht daraus oft ein Helfersyndrom.

Diese Kinder sind schon früh in ihrem Leben sehr verantwortungsbewusst, fürsorglich und hilfsbereit. Sie sehen das Leid des anderen, seine Bedürfnisse und die Notwendigkeit zu helfen. Im Erwachsenenalter ergreifen sie oftmals Berufe, in denen sie ebenfalls anderen Menschen helfen können, wie z. B. Krankenschwester, Jurist, Erzieher, Therapeut oder Arzt.

Häufig ziehen sie Freunde an, die mit sich selbst oder in ihrem Leben Probleme haben, kümmern sich um sie und sind für sie da. Das gibt ihnen Kraft, Selbstwert und einen Lebenssinn. In den meisten Fällen ziehen sie außerdem einen Narzissten als zukünftigen Partner an. Sie wittern schnell seine Defizite, wollen ihn retten und therapieren, damit er es leichter hat und glücklich wird.

Es ist nicht verwerflich, anderen Menschen helfen zu wollen. Das Problem liegt eher darin, dass sich die Helfenden Menschen oder Partner suchen, denen sie gar nicht helfen können, wie psychisch Erkrankte, Suchtkranke oder Pflegefälle sowie Menschen mit erheblichen finanziellen Schwierigkeiten.

Über ihre Hilfsbereitschaft entwickeln sie ein starkes Bindungsgefühl: „Du brauchst mich, also bleibst du bei mir." Über ihre eigenen Bedürfnisse und ihr persönliches Glück denken sie nicht länger nach. Meistens wissen sie gar nicht, was ihnen guttut und sie glücklich macht.

Manche Menschen fühlen sich nur wertvoll, wenn sie anderen helfen können.

Ähnlich wie die Co-Abhängigkeit ist das Helfersyndrom eine Konditionierung aus der Kindheit. Es hat das Überleben der Betroffenen gesichert und ihnen ein Gefühl von Liebe gegeben. Unbeschwertheit ist für sie ein Fremdwort, und so suchen sie überall nach Problemen und Menschen, die ihre Hilfe und Unterstützung benötigen.

Hilfsbereitschaft ist nicht falsch. Es ist wichtig, dass wir in unserer Gesellschaft Menschen haben, die sich gerne um andere kümmern. Nur darf diese Hilfe nicht zur Selbstaufopferung führen. Ein Mensch, der sich selbst liebt und sich für seine Bedürfnisse und Wünsche einsetzt, läuft keine Gefahr, sich für andere total aufzugeben.

Die Art, wie dich jemand behandelt, zeigt, was er für ein Mensch ist, nicht was du für einer bist.

Wie traumatische Erfahrungen dich geprägt haben

Leider machen immer noch viel zu viele Menschen schwerwiegende traumatische Erfahrungen in ihrer Kindheit. Sexueller Missbrauch, physische Gewalt, Einsperren, Vernachlässigung, psychischer Missbrauch, die Scheidung der Eltern oder der Tod einer wichtigen Bezugsperson hinterlassen tiefe Spuren in den Seelen der Kinder. Verhaltensauffälligkeiten, ein unangepasstes Sozialverhalten und psychische Erkrankungen wie Angststörungen, posttraumatische Belastungsstörungen, Depressionen und dependente Persönlichkeitsstörungen sind mögliche Folgen. Auch psychische Symptome wie aggressives und herausforderndes Verhalten, ein niedriges Selbstwertgefühl und Lernschwierigkeiten treten nach traumatischen Erlebnissen auf.

Da Kinder ihre Eltern bedingungslos lieben und sie nicht hinterfragen, suchen Betroffene die Schuld für all das Erlebte häufig bei sich selbst. Schuld und Scham sind deshalb im Erwachsenenalter oft tief sitzende Gefühle. Diese wiederum nutzt der Narzisst in einer toxischen Beziehung aus: Da er in seinen Augen nie an irgendetwas schuld ist, wälzt er die Verantwortung konsequent auf seinen Partner ab.

Betroffene suchen die Schuld für das Erlebte bei sich selbst.

Aus seiner Kindheit ist er es gewohnt, nicht gut behandelt zu werden. Die Eltern waren emotional nicht für ihr Kind da, haben nicht auf Gefühle und Bedürfnisse des Kindes geachtet oder sind sogar übergriffig geworden, indem sie die Grenzen des Kindes missachtet und überschritten haben. Im Kind entstehen dadurch Gedanken wie „Ich bin nicht wichtig", „Ich bin falsch" und „Ich bin nicht liebenswert".

Ein ausgeprägtes Minderwertigkeitsgefühl ist die Folge solcher Erlebnisse. Die innere Leere und die Überzeugung, ein Nichts zu sein, bleibt dauerhaft in dem Betroffenen verankert. Es sei denn, er wird sich dieses Missbrauchs bewusst und entscheidet sich, das Trauma aufzuarbeiten.

> In toxischen Beziehungen kommen häufig Menschen mit traumatischen Kindheitserfahrungen zusammen, was das Beziehungsdrama erklärt und ein Ablösen für beide so schwer macht.

Vernachlässigung und Verwahrlosung lösen im Kind Ängste und Unsicherheit aus. Im Erwachsenenalter führt das zu einem sehr großen Misstrauen allen Menschen gegenüber. Gleichzeitig besteht ein starkes Bedürfnis nach Sicherheit und Zugehörigkeit. Hieran lässt sich erkennen, warum eine Trennung vom Narzissten für manche Menschen schlimmer ist, als die destruktive Beziehung weiter auszuhalten: sie befürchten, Sicherheit, Geborgenheit und Zugehörigkeit zu verlieren.

Wie viele Parallelen hast du in diesem Kapitel zu dir selbst gefunden? Vielleicht verstehst du jetzt besser, warum du narzisstische Menschen anziehend findest und warum es dir so schwerfällt, dich von ihnen zu lösen. Die Erfahrungen in unserer Kindheit machen uns zu den Menschen, die wir heute sind. Wenn du begreifst, was dir widerfahren ist, was man dir angetan hat oder was man dir nicht gegeben hat, dann wird plötzlich vieles sichtbar und du bekommst einen besseren Blick für dich und dein Leben.

Diese Erkenntnis und die daraus resultierende innere Veränderung ist deine zweite Geburtsstunde. Jetzt bist du in der Lage, dein neues Ich zu erschaffen. Jetzt kannst du dich auf die Reise zu dir selbst begeben, zu einem besseren Leben voller Leichtigkeit und Liebe. Mir

> Wir können nur verändern, was wir auch sehen.

ist wichtig, dass du verstanden hast, dass das Bewusstsein für deine Kindheit und die Aufarbeitung deiner Erlebnisse die Voraussetzung dafür sind.

WORAN DU DESTRUKTIVE BEZIEHUNGEN ERKENNST

Eine gesunde Partnerschaft besteht aus einem liebevollen Verständnis füreinander. Beide Partner respektieren, achten und lieben sich. Auch Neugier für den anderen und ein Blick für seine Bedürfnisse und Gefühle gehören dazu. Mit feinem Gespür und Einfühlungsvermögen sind beide so in der Lage, sich Nähe zu geben und zu unterstützen.

Auch eine gesunde Distanz darf von beiden Seiten eingefordert werden. Man sollte sich vertrauen und gegenseitig dabei helfen, sich weiterzuentwickeln. Eine Liebesbeziehung sollte immer eine Bereicherung für das Leben sein – sonst müsste man sie doch nicht eingehen, oder?

Liebevolles Verständnis füreinander ist die Basis einer glücklichen Beziehung.

In toxischen Beziehungen ist oftmals genau das Gegenteil zu beobachten: Hier versucht ein Partner, Macht und Kontrolle auszuüben, während der andere sich bis zur Selbstaufgabe unterwirft. Narzisstische Partner haben kein großes Interesse am Leben des anderen und zeigen stattdessen offen ihre Gleichgültigkeit. Sie sind so sehr mit sich selbst beschäftigt, dass sie den Partner komplett ausblenden oder schlichtweg vergessen.

Nachdem in meiner Beziehung die Idealisierungsphase und die wundervolle Zeit, in der er mich vergötterte, vorbei war, stellte ich mich zunehmend infrage. Was hatte ich falsch gemacht? Warum behandelte er mich plötzlich so abwertend und verletzend?

Er ließ mich wissen, dass ich seiner Meinung nach selbst daran schuld sei: Ich war plötzlich zu besitzergreifend, zu nah, zu viel, zu fordernd. Ich dachte nächtelang darüber nach, wie er mich wohl haben wollte, wie ich sein sollte. Ich versuchte, die Dinge abzustellen, die er kritisierte, doch dann kamen plötzlich neue und andere Schuldzuweisungen. Die Angst vor seinen Reaktionen stieg ins Unermessliche, denn es kam durchaus vor, dass er tagelang untertauchte, wenn ich nicht so handelte, wie er wollte.

Das Leben mit einem Narzissten gleicht einem Tanz auf Eierschalen.

Es fühlte sich für mich an wie ein Tanz auf Eierschalen. Ich versuchte, jede Diskussion zu vermeiden, und prüfte jede Nachricht vor dem Abschicken zigmal, damit er bloß nichts falsch verstehen würde. Am Ende konnte ich mich schon gar nicht mehr richtig auf ihn freuen, aus Angst, wieder verletzt, gedemütigt und kleingemacht zu werden. Ich stand ständig unter Strom.

Um mich ging es in dieser Beziehung schon lange nicht mehr. Ich hatte mich selbst komplett aufgegeben. Nächtelang wälzte ich mich im Bett hin und her und grübelte, bis der Morgen anbrach. Meine Selbstzweifel wuchsen Tag für Tag. Ich traute mir immer weniger zu, stimmte mein Leben komplett auf meinen narzisstischen Partner ab und unternahm kaum noch etwas. Schließlich musste und wollte ich verfügbar sein, wenn er sich meldete.

Es drehte sich alles nur noch um ihn. Ich war gedanklich permanent bei ihm – vertrauen konnte ich ihm aber schon lange nicht mehr. Wirklich sicher, dass er mich gerade nicht betrog, war ich nur, wenn er neben mir auf dem Sofa saß. Zusätzlich quälte er mich mit geplatzten Verabredungen, damit, nicht erreichbar zu sein, und mit Beschimpfungen, wenn ich nicht sofort ans Telefon ging. Fühlte ich mich psychisch nicht gut, spürte ich seine verächtliche Abwertung. Ich merkte, wie ich immer unattraktiver für ihn wurde.

Irgendwann war ich völlig am Ende. Meine Lebensfreude war verflogen und ich war nur noch ein Häufchen Elend. Ich versuchte, bei

Familie und Freunden Verständnis für meine missliche Lage zu bekommen. Er hatte mich zu einer Person gemacht, die ich nie sein wollte. Ich mutierte zu einer eifersüchtigen, vorwurfsvollen, keifenden Stalkerin, die sein Handy kontrollierte. Plötzlich tat ich all die Dinge, die ich immer aus tiefstem Herzen verabscheut hatte.

> Er hatte mich zu einer Person gemacht, die ich nie sein wollte.

Ich erkannte mich selbst nicht mehr wieder. Meine Familie und Freunde meinten, ich hätte mich durch ihn so stark verändert. Viele hatten sich bereits abgewandt, weil sie mein ewiges Gejammer nicht mehr ertragen konnten, und konnten einfach nicht verstehen, warum ich mich nicht einfach trennte.

Doch ich konnte nicht loslassen, ich wollte es schaffen. Ich wollte nicht schon wieder scheitern und ich hatte schon zu viel investiert. Ich probierte es noch einmal. Tat alles, was ihm immer gefallen hatte, war immer zur Stelle und versuchte, nicht die Fehler zu wiederholen, die – nach seinen Erzählungen – seine Ex-Freundinnen immer gemacht hatten.

Seine Ex-Freundinnen waren in unserer Beziehung ständig präsent. Immer tauchten sie irgendwo auf, schickten Karten, Geschenke und Nachrichten.

> Ex-Partner sind ständige Begleiter in einer Beziehung mit einem Narzissten.

Rückblickend glaube ich: Schluss war mit diesen Ex-Freundinnen noch lange nicht. Sprach ich ihn darauf an, erklärte er mich für verrückt, meine ständige Eifersucht nervte ihn wahnsinnig. Ich fühlte mich schäbig, voller Schuld und Scham, und maßregelte mich dafür, dass ich es angesprochen hatte.

Mein Partner hatte mir schon lange nichts mehr zu geben – er nahm nur noch. Er sah, dass ich mich quälte, aber es war ihm egal. Ich lag nachts oft weinend neben ihm, was ihn in keiner Weise berührte. Er schlief, zufrieden wie ein Baby. Ich kämpfte darum, dass er mich sah, dass er mich anerkannte, dass er mir noch einmal sagte, ich sei die Frau, auf die er schon immer gewartet habe … Aber das passierte nicht mehr. In dieser Beziehung begleitete mich pausenlos ein ungutes Gefühl. Ich litt und war trotzdem nicht in der Lage, mich zu trennen.

Erkennst du dich in meiner Geschichte wieder? Dann bist du ganz sicher auch Opfer einer destruktiven Beziehung geworden. Wie narzisstische Menschen dich in toxischen Beziehungen behandeln und wie sie versuchen, dich gefügig zu machen, erkläre ich dir anhand meiner Geschichte in den nächsten Kapiteln. Wichtig ist mir, dass du langsam immer mehr verstehst, dass du an einen toxischen Menschen geraten bist.

Dieses Buch ist wie ein kleines Puzzle, jedes Kapitel enthält eine neue Erkenntnis. Wenn du das Buch schließt, hast du verstanden, was dir passiert ist und warum – und vor allem, wie du wieder herauskommst aus deiner Beziehung. Du musst dafür bitte gnadenlos ehrlich zu dir sein und dich eventuell schmerzhaften Erkenntnissen stellen. Doch am Ende steht für dich die Freiheit – und das ist doch ein lohnendes Ziel, oder?

Um unsere seelischen Wunden zu heilen,
machen wir die gleichen Fehler mitunter immer wieder.

Wieso sich deine Kindheit in deiner Partnerschaft wiederholt

Vieles von dem, was wir in unserer Kindheit erleben, prägt uns für den Rest unseres Lebens. Manche Dinge werden einem bewusst und können verändert werden, andere Dinge verankern sich im Unterbewusstsein und man trägt sie sein Leben lang mit sich herum.

Die unerkannten und unbewussten Erfahrungen, wie nicht aufgearbeitete Traumata, werden an neue Generationen weitergegeben, ohne dass wir es bemerken – das nennt man „transgenerative

Trauma-Weiterleitung". Diesem Prozess kann nur Einhalt geboten werden, wenn man sich seinen Kindheitserlebnissen stellt, sie aufarbeitet und heilt.

Menschen, die in ihrer Kindheit viel verletzt wurden, möchten ihre Wunden in späteren Beziehungen heilen. Unbewusst suchen sie die Bestätigung dafür, dass das ihnen zugefügte Leid unrecht war. Dafür machen sie sich auf die Suche nach einem geeigneten Partner. Aus diesem Grund hat der Narzisst es in der Lovebombing-Phase auch so leicht, uns für sich zu begeistern: Er nutzt die Tatsache aus, dass wir die Wunde, nicht geliebt zu werden, in uns tragen.

Tritt jemand in dein Leben, der dir erzählt, wie wundervoll, liebenswert und besonders du bist und dass er niemals zuvor jemanden getroffen hat, der so perfekt, so intelligent, so schön und so liebenswert ist wie du, dann glaubst du ihm das nur zu gerne. Du freust dich darüber, dass endlich jemand sieht, was für ein großartiger Mensch du bist.

Opfer von Narzissten sind häufig empathische, liebevolle, intelligente Frauen mit einer Neigung zum Perfektionismus. Sie tragen die Wunde des Ungeliebtseins in sich, ihnen fehlt es an Selbstliebe und Selbstwertgefühl. Endlich erhöht, verehrt und überschüttet jemand sie mit Liebe. Was für ein unermessliches Glück für sie. – Und so beschließen die Betroffenen, diesen Menschen nie wieder loszulassen.

> Opfer von Narzissten sind häufig empathische, liebevolle, intelligente Frauen mit einer Neigung zum Perfektionismus.

Erlebnissen in der Kindheit haben unterschiedliche Muster bei der Partnersuche zur Folge: Musste man sich früher Liebe über Leistung erkämpfen, sind meist Partner attraktiv, die nicht so leicht zu haben sind, die sich nicht gerne binden oder die sogar in anderen Partnerschaften sind. Wurde man als Kind abgelehnt, nicht gesehen und missachtet, sucht man sich mit einer hohen Wahrscheinlichkeit wieder einen Menschen, der ablehnt, fremdgeht oder auf die eigenen Bedürfnisse nicht eingeht. Erfuhr man früher Wertschätzung, weil man hilfsbereit und unterstützend war, dann findet man sich als Erwachsener in einer Beziehung wieder, in der der Partner Probleme wie Krankheiten, Geldnöte oder Süchte hat. Anziehend wirkt hier, dass der Partner Hilfe braucht.

Auch nach traumatischen Erfahrungen suchen sich Betroffene häufig Partner, die ihren Eltern ähneln. Es ist nicht ungewöhnlich, dass Menschen, die in der Kindheit geschlagen wurden, Partner wählen, die sie ebenfalls misshandeln. Für Außenstehende klingt das völlig verrückt, aber hier möchte eine Wunde geschlossen werden. Deshalb können so viele ihre Beziehung nicht loslassen und haben immer wieder das gleiche Beuteschema. Auf diese Weise können die Wunden natürlich auch nicht heilen, denn sie werden ständig erneut aufgerissen.

Ich hatte einen für meine Generation typischen, abwesenden Vater. Er kümmerte sich um seine Arbeit, brachte das Geld mit nach Hause und frönte nach Dienstschluss seinen Hobbys. Ich glaube, mein Vater hat mich nie gefragt, wie es mir geht, wie es in der Schule war oder ob mich irgendetwas bedrückt. Dafür war meine Mutter da, und die hat das auch sehr gut gemacht.

Meinem Vater bin ich heute deswegen nicht böse. Er hatte eine sehr schwere Kindheit, mit 16 Jahren wurde er Vollwaise und musste im Internat leben. Ich glaube, er hat nie gelernt, was Vater- oder Mutterliebe bedeutet, wie man in einer Familie füreinander da ist und was ein Kind braucht. Dennoch trug ich diese Wunde in mir: „Ich bin nicht wichtig. Ich bin nicht gut genug. Ich bin uninteressant." Das führte mich in meinem Leben zu Männern, die sich enorm wichtig nahmen, mich vernachlässigten und in deren Leben ich keine wirkliche Rolle gespielt habe.

Ich habe mir also Männer in mein Leben gezogen, die genauso waren wie mein Vater. Warum? Weil ich diese Art der Liebe gewohnt war. Das fühlte sich vertraut und richtig an. Ich ließ mich darauf ein, in der Hoffnung, dass meine Wunden sich endlich schließen würden.

So wiederholt sich unsere Kindheit immer wieder in unseren Beziehungen – bei manchen Menschen ein Leben lang. Deshalb ist es sehr wichtig, sich nicht nur von den toxischen Menschen zu trennen, sondern auch die Verletzungen, die wir in uns tragen, aufzuarbeiten. Sonst geraten wir immer wieder an die gleichen toxischen Partner.

> Unsere Kindheit spiegelt sich immer in unseren Liebesbeziehungen wider.

Wahre Akzeptanz beginnt erst, wenn man aufhört, dich verändern zu wollen.

Wie der Narzisst dich manipuliert

In diesem Kapitel möchte ich dir verschiedene Manipulationstechniken des Narzissten vorstellen. In meinen Coaching-Sitzungen werde ich oft gefragt, ob der Narzisst unbewusst so fies und verletzend ist. Leider ist dem nicht so – dem Narzissten ist sein Handeln bewusst, er kennt aber keine Reue für sein Tun und übernimmt dafür auch keine Verantwortung. So grausam es klingt, aber es geht immer nur um ihn und seine Ziele.

„Future Faking" ist eine Manipulationstechnik, die ein Narzisst bereits in der Idealisierungsphase anwendet. Er redet über die gemeinsame Zukunft, Reisen, Zusammenziehen, Hochzeit und Kinder. Er plant eine rosige Zeit zu zweit. Damit möchte er die Bindung so schnell wie möglich festigen. In dieser Phase bombardiert der Narzisst sein Opfer mit überschwänglicher Liebe und idealisiert es so sehr, dass es ihm schnell verfallen ist und

> Beim „Future Faking" wird dem Partner eine rosige Zukunft versprochen, um ihn an sich zu binden.

glaubt, wirklich tief und aufrichtig geliebt zu werden. Doch alles, was in der Idealisierungsphase geschieht, passiert aus Berechnung. Eine schnelle Verbindung und der Fokus auf Gemeinsamkeiten sollen die Hingabe des Opfers garantieren. Das ist keine tiefe Liebe, sondern nur Mittel zum Zweck.

Mit der Zeit beleidigt der Narzisst den Partner zunehmend und entwertet ihn. Zunächst denkt sich das Opfer nichts dabei, da es dem Charme des Narzissten verfallen ist. Ganz subtil versucht dieser jedoch, sein Opfer zu destabilisieren. Hierbei bedient er sich kritischer, herablassender und verletzender Bemerkungen, zum Beispiel über das Aussehen: „Gefällt dir etwa der Mantel, den du trägst?", „Willst du wirklich jetzt noch Kuchen essen?", „In dem Kleid siehst du aber dick aus", „Das Alter hinterlässt bei dir echt heftigere Spuren als bei mir" ... Dies waren Sätze, die ich kontinuierlich zu hören bekam. Sie verunsicherten mich natürlich. Mit der Zeit fühlte ich mich in meiner eigenen Haut nicht mehr wohl.

Der Betroffene traut sich nach und nach immer weniger zu und entwickelt die Überzeugung, ohne den Narzissten nicht mehr leben zu können. So wird eine künstliche Abhängigkeit erzeugt und die Trennung immer unwahrscheinlicher.

„Gaslighting" ist eine perfide Methode, um das Opfer gezielt zu desorientieren. Mit dieser Methode soll das Realitäts- und Selbstbewusstsein zunehmend zerstört werden. Gaslighting ist eine Form psychischer Gewalt.

Durch das „Gaslighting" sorgt der Narzisst für Selbstzweifel und Realitätsverlust beim Partner.

Der Begriff stammt aus dem Film „Das Haus der Lady Alquist" von 1940. Ein Mann manipuliert die Gasleitung im Haus. Als seine Frau daraufhin das flackernde Licht bemerkt, erwidert er, das bilde sie sich nur ein. Gleichzeitig verschwinden ständig Gegenstände, von denen er behauptet, dass es sie nie gegeben habe. Mit der Zeit treibt er seine Frau so in den Wahnsinn.

Ähnlich agiert auch der Narzisst. Durch ständiges Wiederholen seiner falschen Behauptungen glaubt ihm der Betroffene schließlich. Mit der Zeit vertraut er seiner eigenen Wahrnehmung nicht mehr und entwickelt das Gefühl, verrückt zu werden.

Um immer gut dazustehen, lügen Narzissten ständig. Man kann ihnen einfach nicht vertrauen. Lügen ermöglichen es ihnen, die Geschehnisse zu steuern und mehr Dominanz zu bekommen. Der Narzisst versucht, sämtliche Situationen so zu gestalten, dass die Fassade der eigenen Grandiosität nicht bröckelt.

Übertreibungen und Falschdarstellungen sind bewährte Mittel, mit denen er sich unangreifbar macht. Wir können dieses Verhalten sehr gut in den Medien beobachten, wenn wir auf den ehemaligen Präsidenten der Vereinigten Staaten, Donald Trump, schauen. Jede Richtigstellung seiner Aussagen wird von ihm als Fake News abgetan.

Mit Kritik kann ein Narzisst nicht umgehen. Macht ihn dennoch jemand auf seine Fehler aufmerksam, wird er wütend und aggressiv. Diese Verhaltensweise wirkt beängstigend, schockierend und einschüchternd auf sein Gegenüber, und es vermeidet deshalb in Zukunft jegliche Art von Bewertung.

Fühlt sich der Narzisst durch die Kritik gekränkt, kann es passieren, dass er nach dem Wutausbruch verschwindet und tage- oder sogar wochenlang untertaucht.

Beim „Silent Treatment" wird unerwünschtes Verhalten mit Ignoranz bestraft.

Jegliche Versuche der Kontaktaufnahme werden torpediert. Wir sprechen hier vom sogenannten „Silent Treatment": Unerwünschtes Verhalten wird mit Ignoranz und Liebesentzug bestraft. Vielen ist diese Bestrafungsform noch aus der Kindheit bekannt. Im gemeinsamen Haushalt behandelt der Narzisst den Betroffenen dann wie Luft. Er antwortet auf keine Fragen und schenkt weder Blick- noch Körperkontakt.

Ich kann mich noch gut daran erinnern, dass ich meinem narzisstischen Partner damals eine schwere Vertrauensverletzung nachweisen konnte. Er war sauer, dass ich es herausbekommen hatte, und schrie mich an, dass ich mit meiner Eifersucht alles zerstören würde. Daraufhin schlug er die Tür zu und verschwand. Ich fühlte mich schäbig. Hatte ich ihm Unrecht getan? War ich jetzt schuld daran, dass er sauer auf mich war? Aber er hatte doch mir Unrecht getan!

Dennoch suchte ich schnell den Fehler bei mir. Ich versuchte, ihn telefonisch zu erreichen, schrieb Nachrichten und E-Mails. Keine Reaktion. Er war wie vom Erdboden verschluckt. Ich grämte mich ganz schrecklich und wünschte mir nichts mehr, als dass er zurückkommen würde und wir in Ruhe über alles reden könnten. Ich verstand erst später, dass er mich auf diese Art weichkochen wollte.

Nach drei Wochen lag plötzlich ein Brief in meinem Briefkasten, in dem er sich dafür entschuldigte, dass er so wütend reagiert hatte. Ich war nur froh, dass er wieder da war, rief ihn an und wir versöhnten uns noch am gleichen Abend.

> Ignoranz und Liebesentzug sind Mittel psychischer Gewalt, die einen auf Dauer innerlich zerstören.

Meldet ein Narzisst sich nach seinem plötzlichen Verschwinden gar nicht mehr bei dir, spricht man vom „Ghosting", denn nun begleitet er dich wie ein Geist überallhin. Man wünscht sich, dass man noch einmal die Chance bekäme, mit ihm zu reden, um Klarheit zu erhalten und sein Verhalten zu verstehen. Viele macht das plötzliche Verschwinden wahnsinnig. Sie stellen sich infrage, sind ständig angespannt und warten vergeblich auf Antworten. So können Betroffene nie wirklich mit dem Täter abschließen, und genau das ist vom Narzissten auch gewünscht.

Da Narzissten ein Nähe-Distanz-Problem haben, brechen sie manchmal aus heiterem Himmel einen Streit vom Zaun. War eben noch alles wunderschön, wird plötzlich heftig gestritten. Die ständige Ambivalenz zwischen Nähe und Verschmelzung auf der einen sowie Distanz und Autonomie auf der anderen Seite sind der Grund für dieses Verhalten.

Die Psychologin Stefanie Stahl erklärt, dass hinter dem Autonomiegefühl eine überwertige Verlustangst und/oder eine überwertige

Angst, vom Partner vereinnahmt zu werden, steckt. Der Narzisst wünscht sich einerseits Verschmelzung, hat aber gleichzeitig große Angst davor, sich ganz hinzugeben.

Deshalb folgen auf Zeiten maximaler Nähe wieder Phasen maximaler Distanz. Diese werden durch Provokationen und Streitsituationen herbeigeführt.

> Bei einer zu engen Verbindung entfernt sich der Narzisst oft, indem er fremdgeht.

Maximale Distanz schafft der Narzisst am effektivsten, indem er seinen Partner betrügt, denn weiter und schneller kann er sich auf keine andere Art und Weise von ihm entfernen.

Bei mir wurde durch nichtige Streitereien der Vorstellungsbesuch bei meiner Familie kurzfristig gecancelt und ein gebuchter Urlaub zwei Tage vorher abgesagt. Zu einem verabredeten Fest tauchte mein Ex-Partner erst gar nicht auf. Immer wenn ich dachte „Es läuft, ich kann mich entspannen und ihm langsam wieder vertrauen" kam es zu einem neuen Missbrauch, der uns wieder zurückwarf.

Mehrfach versuchte ich, diese Beziehung zu beenden. Aber jeder, der schon einmal mit einem Narzissten zusammen war, weiß, dass dies gar nicht so leicht ist. Der Narzisst wird plötzlich zuckersüß und so liebevoll wie in der Lovebombing-Phase, nur um dich zurückzuerobern.

Er schickt dir Rosen an den Arbeitsplatz, damit deine Kollegen sehen, wie sehr er dich liebt. Er schreibt dir lange Liebesbriefe, will mit dir zusammenziehen, dich heiraten, Kinder mit dir bekommen oder womöglich sogar eine Therapie machen. Er schickt seine Eltern und Freunde bei dir vorbei, die dich davon überzeugen sollen, wie sehr er leidet und wie sehr er dich liebt. All das soll dich zu ihm zurückbringen.

Die Unterstützer, die dem Narzissten dabei helfen, dich zurückzugewinnen, nennt man „Flying Monkeys", die manipulativen Rückholtaktiken heißen „Hoovering". Zu gerne glaubt man jetzt dem Narzissten und freut sich, dass er einsichtig geworden ist. Man genießt, wie zuverlässig, anwesend und liebevoll er plötzlich wieder ist. Aber leider wird sich langfristig nichts ändern. Keine seiner Versprechungen wird er halten. Das liebvolle Hofieren macht er nur so lange, bis er das Gefühl hat, dich wieder sicher zu haben.

Nach einigen Monaten beginnt das destruktive Spiel von vorne – meistens leider auf eine noch viel verletzendere Art. Denn nun weiß er, dass du bereit bist, ihn für immer zu verlassen, weshalb er versucht, noch mehr Macht und Kontrolle über dich zu bekommen. Viele Opfer von Narzissten haben es – genau wie ich – bereut, zurückgegangen zu sein.

> *Es gibt Menschen, die können dein Denken und Fühlen so verändern, dass du dich bald selbst nicht mehr kennst.*

Warum der Narzisst Macht über dich haben möchte

Lässt der Narzisst sich auf eine Beziehung ein, kann es passieren, dass er sich Menschen öffnet, die ihm anschließend schaden. Deshalb versucht er, seinen Partner immer mehr von dessen Außenwelt zu isolieren. Er macht die Freunde und Familienmitglieder des Partners schlecht, nörgelt an ihnen herum und möchte keine Zeit mehr mit ihnen verbringen. Er kann nicht nachvollziehen, warum der Partner sich mit diesen Menschen noch abgibt, und bittet ihn, diese Kontakte abzubrechen und nicht mehr an Familientreffen oder an Feiern der Freunde teilzunehmen.

Durch Triangulation benutzt der Narzisst andere Menschen, um dich zu destabilisieren.

Gerne bedient er sich der sogenannten Triangulation, was bedeutet, dass er Freunde und Familienmitglieder gegen den Partner aufhetzt und Keile in die Beziehungen treibt. Oder dem Partner werden Unwahrheiten, die der angeblich beste Freund über ihn gesagt haben soll, erzählt. Der Partner spürt schnell, wie ungewollt diese Kontakte sind, und da er keinen Streit möchte, bricht er sie in der Regel ab.

Der Narzisst isoliert seinen Partner immer mehr von sozialen Kontakten und bindet ihn somit an sich. Dadurch wird die Außenwelt von der toxischen Beziehung Stück für Stück ausgeschlossen und niemand kann dem Opfer klarmachen, wie sehr der Narzisst ihm schadet.

Im nächsten Schritt versucht der Narzisst nun, die Interessen und Hobbys seines Partners zu zerstören. Oft kommen Sätze wie: „Wenn du mich lieben würdest, würdest du jetzt nicht zum Sport gehen, sondern bei mir bleiben." Um seine Liebe zu beweisen, gibt das Opfer seine Hobbys auf und fokussiert sich nur noch auf den Partner. Bald bekommt es das Gefühl, dass es außer dem Narzissten niemanden mehr hat. Das eigenständige Leben wird komplett aufgegeben.

Narzissten sind oft sprunghaft und herrschen über die Zeit des Partners. So bestimmen sie, wann man sich sieht und wann nicht und ob sie zu verabredeten Treffen auch wirklich erscheinen. Die daraus entstehende Verunsicherung des Opfers ist beabsichtigt.

Manchmal kommt der Narzisst auch ganz ungeplant vorbei. Bist du dann anderweitig beschäftigt, wird er wütend und straft dich mit Ignoranz. Deswegen überlegst du dir in Zukunft genau, ob du dich noch verabredest, denn du möchtest schließlich jederzeit für den Narzissten zur Verfügung stehen. Für den Narzissten hat das den erwünschten Nebeneffekt, seine Macht und Kontrolle über dich leichter ausüben zu können.

> Viele geben ihr Sozialleben völlig auf, um dem Narzissten jederzeit zur Verfügung zu stehen.

Narzissten sind kontrollsüchtig. Sie haben klare Vorstellungen davon, wie der Haushalt, die Wäsche, der Garten, das Essen und vieles mehr auszusehen hat. Sollte man diese Regeln missachten oder dagegen verstoßen, wird man auf sein Versagen hingewiesen: Abwertung, Beschimpfungen und Verspottung sind die Folge. Der Betroffene fühlt sich danach so schlecht, dass er versucht, diese Fehler zukünftig zu vermeiden.

Über die Ablehnung macht der Narzisst seinen Partner gefügig. Dadurch erscheint er noch machtvoller, intelligenter und kompetenter, was den Betroffenen immer weiter in eine Co-Abhängigkeit treibt.

Auch Eifersucht ist ein großes Thema in toxischen Beziehungen. Der Narzisst hat meistens Affären und gleichzeitig Angst davor, sein Partner könnte ihn ebenfalls betrügen. Bei seinem eher kleinen Selbstwertgefühl hat der Narzisst ständig Panik, jemand anderes könnte besser sein als er und der Partner könnte ihn deshalb verlassen.

Der Narzisst vertraut sich quasi selbst nicht und bringt dadurch Themen wie Misstrauen und Eifersucht immer wieder zur Sprache. Im Grunde ist es eigentlich die Spiegelung seines eigenen Misstrauens, das er auf sein Gegenüber projiziert. Stalking, Handykontrolle, Hacken von E-Mail-Accounts, ja sogar heimliche Kameraaufzeichnungen haben meine Klienten schon erlebt.

Eifersucht ist die Spiegelung der eigenen Unsicherheit.

Der Narzisst möchte zu jeder Zeit wissen, was du wann mit wem machst. Wirklich sicher fühlt er sich jedoch nie. Versucht man das Vertrauensproblem in einem Gespräch zu lösen, führt das in der Regel zu nichts. Entweder versucht er, dich mit gegensätzlichen Aussagen zu verwirren, oder er bleibt unverbindlich in seiner Aussage. An gemeinsam gefundene Lösungen hält er sich ungern.

Manchmal wechselt er schlichtweg das Thema und macht dir Vorhaltungen. Es kann passieren, dass er dich durch seine Worte bis auf das Höchste provoziert und selbst dabei ganz ruhig bleibt. Während du dich tief verletzt fühlst, wütend wirst und deine Empfindungen herausschreist, lächelt er nur süffisant und sagt: „Wer schreit hat Unrecht."

Damit zieht er Macht und Überlegenheit auf sich und versucht, dich mundtot zu machen. Kommunikation mit einem Narzissten führt oftmals in die totale Verwirrung und vor allem ins Leere. Man schafft es einfach nicht, ein konstruktives Gespräch mit ihm zu führen.

Der Narzisst sieht seinen Partner nur als Objekt. Narzissmus-Expertin Bärbel Wardetzki spricht hier von Objektliebe. Es geht dabei nicht um den Menschen, sondern um die Funktion, die dieser für den Narzissten haben könnte – wie stark der andere also zu seinem Selbstwert und seinem inneren Wohlgefühl beitragen kann. Daher sorgt der Narzisst oftmals für mehrere solcher „Objekte", die er jederzeit abrufen kann, um sein Bedürfnis nach Aufmerksamkeit kontinuierlich zu erfüllen.

Der Philosoph und Psychoanalytiker Erich Fromm hat unreife Liebe im Vergleich zur wahren Liebe sehr treffend beschrieben: Jemand, der eher unreif liebt, denkt, dass er den anderen liebt, weil er ihn braucht.

> Bei der Objektliebe geht es nicht um die Liebe zum Menschen, sondern nur um das Benutzen des anderen.

Wahrhaftige Liebe hingegen braucht den anderen, weil man ihn aufrichtig liebt. Demnach ist die Objektliebe des Narzissten eine unreife Form der Liebe.

Das kann auch dazu führen, dass der Narzisst in der Öffentlichkeit nicht wirklich zu dir steht oder eure Partnerschaft vor anderen sogar leugnet. Am Anfang wird man lange versteckt, Familie und Freunde lernt man erst nach einigen Monaten kennen. Auch auf Partys geht er lieber allein oder feiert einige Meter von dir entfernt.

Als ich mich auf einem Fest trotzdem neben meinen Partner stellte, fragte er mich, was ich da wolle und forderte mich auf, zu gehen. Schließlich nehme er ja auch kein Holz mit in den Wald. Erst da begriff ich, dass jede Party für ihn ein neuer Ort war, um Frauen kennenzulernen. Was für eine schmerzvolle Erkenntnis!

Im Trennungsprozess kommt es häufig zu einer Zuspitzung von Macht und Kontrolle. Gerade wenn der Narzisst spürt, dass der Partner ihm nicht mehr gehören will, greift er zu angsteinflößenden Drohungen wie „Ohne mich bist du verloren", „Du bekommst keinen Cent von mir" oder „Ich werde dir die Kinder wegnehmen". Selbst vor der Androhung, sich umzubringen, schreckt ein Narzisst nicht zurück. In den meisten Fällen handelt es sich jedoch nur um emotionale Erpressung. Er möchte sein Opfer zurückgewinnen, damit das Scheitern seiner Grandiosität bloß nicht für alle sichtbar wird.

*Manchen Menschen bist du nur so lange wichtig,
bis sie keinen Nutzen mehr von dir haben.*

Wie ein Narzisst dich gefügig macht

Eine schwerwiegende Form des psychischen Missbrauchs ist die emotionale Erpressung, die wohl fast jeder in seiner Kindheit schon einmal erlebt hat. Sie hinterlässt lebenslange Spuren im Menschen und begleitet uns oftmals stillschweigend, ohne dass wir sie erkennen.

Emotionale Erpressung ist eine Form des psychischen Missbrauchs.

Bereits im Kindergartenalter rufen sich Kinder nach: „Jetzt habe ich dich nicht mehr lieb", „Dich lade ich nicht zu meinem Geburtstag ein", „Du bist nicht mehr mein Freund" und „Mit dir spiele ich nie wieder". Du siehst, die emotionale Erpressung beginnt schon früh, weshalb wir sie auch oftmals viel zu lange tolerieren, ohne eine Grenze zu ziehen. Wer mit emotionaler Erpressung aufgewachsen ist – früher übrigens ein weitverbreiteter Erziehungsstil –, empfindet diese seelische Qual als völlig normal.

Der Narzisst bedient sich auch dieser subtilen Form der Erpressung. Ihm geht es in erster Linie darum, recht zu behalten und sich durchzusetzen. Der offene Narzisst nutzt sie eher als Form der Bestrafung („Wenn du mich verlässt, siehst du die Kinder nie wieder", „Wenn du die Frau heiratest, streiche ich dich aus meinem Testament", „Wenn du das tust, dann verlasse ich dich"),

Durch emotionale Erpressung macht der Narzisst seine Opfer gefügig.

wohingegen der vulnerable Narzisst Menschen eher durch permanent erwähntes Leid zu erpressen versucht („Ich bin immer so alleine", „Wie soll ich nur die Waschmaschine repariert bekommen?", „Was du mir angetan hast, werde ich nie verkraften", „Es tut mir weh, wenn du nicht herkommst").

In beiden Fällen wird durch Schuldgefühle Druck erzeugt. Der Narzisst schafft es damit wieder, sein Opfer für seine Wünsche gefügig zu machen. Da uns diese Konditionierung aus unserer Kindheit nur zu gut bekannt ist, dockt es direkt an unser Pflichtbewusstsein an und wir funktionieren – wie eine Marionette.

Sich diesen Manipulationstechniken entgegenzustellen fällt ungemein schwer, zumal der Narzisst in solchen Fällen zu sehr schmerzvollen Konsequenzen greift wie Ignoranz, Aggression oder Wut. Viele Opfer haben große Angst vor narzisstischer Wut und versuchen deshalb, diese cholerischen Ausbrüche zu vermeiden.

Es ist nicht unüblich, dass der Narzisst sofort nach solchen Wutausbrüchen wieder sehr lieb ist, sich entschuldigt und möchte, dass alles wieder gut ist. Auch das ist eine Form des psychischen Missbrauchs, denn es wird uns ein Gefühl übergestülpt: Vielleicht bist du noch sauer oder gekränkt durch die verbalen Verletzungen des Narzissten, aber dieser möchte bereits wieder Nähe und Liebe von dir. Bei diesem übergriffigen Handeln werden deine Empfindungen weder wahrgenommen noch zugelassen. Du wirst gezwungen, deine Gefühle zu unterdrücken.

Immer wieder bekommst du zu spüren, dass dein narzisstischer Partner nicht wirklich zu dir steht. Insbesondere wenn du krank bist zieht er sich häufig zurück, denn er

> Ein kranker Partner liefert keine narzisstische Zufuhr, also wird er vom Narzissten in seinem Leid alleingelassen.

weiß: Von einem Kranken ist keine narzisstische Zufuhr und Bewunderung zu erwarten. Er taucht ab und kommt erst zurück, wenn du ihm wieder dienen kannst.

In meinen toxischen Beziehungen habe ich mich im Krankheitsfall oftmals einsamer gefühlt als zu Zeiten, in denen ich Single war. Es quält die Seele, wenn derjenige, den man am nötigsten braucht, nicht für einen da ist. Betroffene haben in der Regel Angst davor, krank zu werden, denn die emotionale Bestrafung dafür ist oft schmerzhafter als die Krankheit selbst.

Eine Klientin berichtete mir, dass sie mit einem Magen-Darm-Infekt spuckend über der Schüssel im Bad hing, als ihr Mann ihr eine Packung Tabletten gegen Übelkeit vor die Füße warf mit den Worten: „Nimm die jetzt und stell dich nicht so an. Schließlich musst du dich morgen um die Kinder kümmern."

Ein Narzisst sieht deine Bedürfnisse einfach nicht. Es berührt ihn nicht im Geringsten, wenn du traurig bist. Mit der Zeit fängt er an, dich immer mehr für deine Schwächen zu verachten. Er wirft dir vor, dass du früher viel lustiger, souveräner und liebenswürdiger warst. In dir löst das abermals Schuldgefühle aus und du versuchst, dich zu verändern und so zu sein wie früher. Doch du bist nicht mehr wie früher, dafür hat er gesorgt, und jetzt macht er dir genau das zum Vorwurf. Es ist ein nicht enden wollender Teufelskreis!

> **Zunächst schwächt dich der Narzisst und dann belächelt er dich für deine Schwächen.**

Das, was man dir über Liebe erzählt hat, muss noch lange keine Liebe sein.

Warum du immer wieder die gleichen Männer anziehst

Vielleicht geht es dir wie mir: Nach meiner Ehe mit einem Narzissten bin ich gleich wieder an einen geraten. Diese zweite Beziehung war allerdings um einiges schmerzvoller als meine Ehe. Ich habe mich damals oft gefragt, warum mir das schon wieder passierte. Waren etwa alle Männer gleich oder lag es vielleicht an mir? Stimmte mit mir irgendetwas nicht? Rückblickend weiß ich, dass es an mir lag, denn ich hatte damals ein völlig falsches Verständnis von Liebe, weshalb

Narzissten attraktiv für mich waren. Ich gab alles auf für ein bisschen Liebe – vor allem mich selbst.

Nach meiner ersten Ehe war mir das noch nicht bewusst. Ich glaube, das Leben schickt uns so lange die gleiche Aufgabe, bis wir etwas daraus lernen. Ich sollte erst in meiner zweiten toxischen Beziehung erkennen, wie wenig Liebe ich mir selbst entgegenbrachte, dass ich mich selbst aufgab und mich immer wieder dominieren ließ.

Nach meiner Ehe hatte ich nichts aufgearbeitet oder hinterfragt, geschweige denn geändert, also musste mir das Gleiche noch einmal widerfahren. Schaue ich zurück, sehe ich die Zeit mit meinen narzisstischen Partnern als Geschenk an, denn durch sie musste ich mich mit mir und meinen Erfahrungen auseinandersetzen. Mittlerweile bin ich mit meinen Ex-Partnern im Frieden. Sie haben mich zu dem Menschen gemacht, der ich heute bin. Dafür bin ich ihnen sogar dankbar.

> Wir müssen so lange denselben Fehler machen, bis wir daraus lernen.

Aber nun zu dir: Warum wiederholen sich deine Partner und Beziehungen letztlich immer wieder? Du hast beim Lesen sicher schon bemerkt, dass viele Erfahrungen aus deinem bisherigen Leben dazu führen, dass du dich immer wieder in Narzissten verliebst. Sie erinnern dich mit ihrem Verhalten und ihren Manipulationstechniken an deine Eltern oder andere Bezugspersonen aus deiner Kindheit. Du verwechselst ihr Verhalten mit Liebe und findest sie deshalb anziehend und attraktiv. Vielleicht wundert es dich nicht einmal, dass dein Partner dich mal anzieht und mal wegstößt und dass du dir deine Streicheleinheiten verdienen musst.

Beleidigungen und Herabsetzungen bist du gewohnt, vielleicht sogar Gewalt und Missbrauch. Deine Eltern haben dir womöglich eine ähnlich komplizierte Ehe vorgelebt, und du denkst, dass deine Beziehung ganz normal ist, dass man Kompromisse eingehen muss, dass Liebe hart ist und Streitereien dazugehören. Somit suchst du dir, was vertraut erscheint, und bedienst immer wieder die gleichen

Verhaltensmuster. Allerdings können auf diese Weise deine Wunden niemals verheilen.

Was ist also zu tun, damit dir das in Zukunft nicht mehr passiert? Wie findest du einen liebevollen Partner, der dir auf Augenhöhe begegnet und dir von Herzen guttut? Die gute Nachricht: Du hast es selbst in der Hand! Du kannst dein Leben verändern!

Deine Aufgabe ist es, ein neues Verständnis von Liebe, Beziehungen und Selbstliebe zu erlangen. Du kannst durch die Aufarbeitung deiner inneren Wunden die ewig gleichen Triggerpunkte entschärfen. Die innere Heilung ermöglicht es dir, eine neue, starke und freie Person zu werden, an der jeder Narzisst sich die Zähne ausbeißen wird. Verarbeitest du die Erlebnisse aus deiner Kindheit oder aus deinen narzisstischen Beziehungen nicht, ist die Wahrscheinlichkeit sehr groß, dass du dieses Beziehungsmuster wiederholen wirst.

Wiederholen sich deine Beziehungsmuster immer wieder, solltest du deinen Anteil daran suchen.

Mit Sicherheit hast du bis hierhin alles gut verstanden und weißt in etwa, welche die nächsten Schritte sind – und dennoch hält dich irgendetwas zurück. Trotz all dieser Erkenntnisse kannst du nicht einfach deine Koffer packen und losziehen, stimmt's? Warum das so ist, erkläre ich dir im nächsten Kapitel.

WARUM DU SO ABHÄNGIG GEWORDEN BIST

Ich sehe mich noch vor meinem Scherbenhaufen stehen. Mir war kognitiv alles klar: Ich wusste, dass ich mich trennen musste, aber ich wusste nicht wie. Der Strudel zog mich immer weiter nach unten und ich wurde physisch krank. Dennoch hielt ich an meiner Beziehung fest.

Letztendlich habe ich bei beiden narzisstischen Partnern den Absprung erst geschafft, als herauskam, dass sie mich bereits eine längere Zeit betrogen hatten. Da dies zum wiederholten Male passierte, gab es irgendwann einfach kein Zurück mehr für mich.

Die Trennungen fielen mir trotzdem schwer. Ich litt unfassbar und suchte immer wieder Kontakt, in der Hoffnung, dass die Partner zurückkämen, sie mich wieder liebten und ich so die in mir entstandenen Wunden endlich schließen konnte. Paradoxerweise suchte ich ausgerechnet bei den Menschen Heilung, die mir die Verletzungen zugefügt hatten.

Ich blieb stark und entwöhnte mich nach und nach von meinen Ex-Partnern, was sich leidvoller gestaltete und länger dauerte als notwendig. Aber einen kalten Entzug hätte ich damals nicht geschafft. Ich wusste nicht, dass emotionale Abhängigkeit tatsächlich ein Suchtgefühl auslösen kann. Hätte ich damals gewusst, was alles auf mich zukommt, hätte ich mir wahrscheinlich viel Leid ersparen und einige Fehler vermeiden können.

Dir geht es wahrscheinlich ähnlich. Vielleicht bist du schon getrennt, vielleicht bist du nach einer Trennung wieder zurückgegangen oder vielleicht verstehst du selbst nicht mehr, warum du nicht einfach gehst.

Mach dir bewusst, dass du abhängig geworden bist – von Menschen, Erfahrungen, Erlebnissen oder Denkweisen, die dich immer wieder zurückwerfen und an dir selbst zweifeln lassen. Es kann sein, dass du noch nie eine liebevolle, gesunde Partnerschaft kennengelernt hast und gar nicht weißt, wie sich wahre Liebe anfühlt. Ganz gleich, was dich an dieser Beziehung gerade festhalten lässt, du wirst es in den nächsten Kapiteln herausfinden – und dann endlich loslassen können.

Manchmal ist es schwerer von einem Menschen loszukommen als von einer Droge.

Wie emotional Abhängige denken und fühlen

Fühlst du dich wertlos oder unvollständig, wenn du keine Beziehung hast? Gehörst du zu den Menschen, die sich allein nicht gut aushalten können und deshalb von einer Partnerschaft in die nächste gehen? Glaubst du, dass du nur mit einem Partner an deiner Seite glücklich werden kannst? Dann spricht das sehr dafür, dass bei dir eine emotionale Abhängigkeit besteht. Das ist eine übermäßige, oft einseitige Abhängigkeit von einer Person, die bis zur völligen Selbstaufgabe führen kann.

Narzissten lieben Menschen mit schwachem Selbstwertgefühl, da sie sich diese leicht unterwerfen können.

Die Ursachen dafür liegen meist in einem mangelnden Selbstwertgefühl, negativen Glaubenssätzen und einer falschen Vorstellung von deiner eigenen Person. Das führt zu einer inneren Bedürftigkeit, die der Narzisst mit seinem perfekten Gespür für solche Menschen sofort wahrnimmt. Deshalb wirst du interessant für ihn und er versucht, bei dir zu landen.

Solltest du dich auf ihn einlassen, dann wird Angst deine permanente Begleiterin sein. Die Angst, verlassen zu werden, allein nicht zurechtzukommen, und die Angst vor der Einsamkeit rufen unterwürfiges Verhalten, übertriebenes Klammern und massive Eifersucht hervor.

Für den Narzissten wird die Bedürftigkeit des Partners mit der Zeit immer offensichtlicher, was er wiederum unattraktiv und abstoßend findet. Schließlich ist er diese Beziehung eingegangen, damit er seinen Selbstwert erhöhen kann und nicht umgekehrt. Dies hat zur Folge, dass er den Partner noch mehr abwertet und wegstößt.

Auch tief sitzende Verlustängste können zu emotionaler Abhängigkeit führen. Das Gefühl der eigenen Wertlosigkeit gibt dir die Überzeugung, dass du sowieso nichts Besseres verdienst. Oder du denkst, dass alle Männer gleich sind und du deshalb auch nie einen Besseren finden wirst. Diese Angst lähmt dich so sehr, dass du lieber in deiner destruktiven Beziehung bleibst, statt ein Risiko einzugehen.

> Die Angst vor dem Alleinsein kann zu emotionaler Abhängigkeit vom Partner führen.

Doch das hat seinen Preis: Menschen mit einer abhängigen Persönlichkeitsstruktur verlieren auf Dauer ihre Kraft und ihren Antrieb. Sie sind bald nicht mehr dazu in der Lage, gut für sich zu sorgen, und bleiben in einem Teufelskreis aus Hoffnungslosigkeit, Depression und Sucht gefangen.

Solltest du dich gerade fragen, ob auch du emotional abhängig bist, nenne ich dir im Folgenden einige Anzeichen, anhand derer du dich selbst überprüfen kannst:

Menschen mit abhängiger Persönlichkeitsstruktur denken jede Minute an den Partner und fragen sich, welche Erwartungen und

Wünsche er an sie hat. Alles in ihrem Leben dreht sich ausschließlich um den Partner, Zeit ohne ihn empfinden sie als nutzlos. Sämtliche soziale Kontakte zu Freunden und Familie haben sie eingestellt. Sie haben keine Hobbys mehr und möchten dem Partner zu jeder Zeit zur Verfügung stehen. Sie haben Angst, einen Fehler zu machen, denn der Gedanke an den Verlust des Partners löst Panik in ihnen aus. Sie haben das Gefühl, eine Trennung nicht überleben zu können.

> Emotional Abhängige wissen alles über den anderen, kennen sich selbst aber kaum.

Aus Furcht, jemand anderes könnte in ihre Beziehung eindringen, sind sie übertrieben eifersüchtig. Sie lassen sich von den Erwartungen des anderen dominieren, ihr eigenes Leben haben sie völlig aufgegeben. Sie sind sehr auf Anerkennung von außen angewiesen, da sie innerlich verunsichert und leer sind. Sie wissen einfach nicht, wer sie sind und was sie machen sollen, wenn sie nicht für den Partner da sein können. Einsamkeit halten sie nicht aus.

Oftmals kritisieren sie sich selbst, insbesondere wenn der Narzisst wieder einen Fehler an ihnen entdeckt hat. Dann grämen sie sich mit Vorwürfen wie „Hätte ich das mal nicht gesagt", „Wenn ich das nur nicht gemacht hätte" und „Ich bin schuld, dass er sauer auf mich ist". Betroffene fühlen sich zunehmend als Versager, sie glauben, nicht gut für sich selbst sorgen zu können, deshalb geben sie noch mehr Verantwortung ab und verlieren zunehmend ihre Eigenständigkeit.

Fremdbestimmung und Dominanz lassen sie widerstandslos über sich ergehen. Sie können keine eigenen Entscheidungen treffen, keine Grenzen setzen und entziehen sich so immer mehr ihrer Verantwortung. Je nachdem, wie lange die emotionale Abhängigkeit schon besteht, machen sich mit der Zeit physische und psychische Veränderungen bemerkbar: Schlaflosigkeit, Antriebsarmut, Erschöpfung, Essstörungen, Gewichtsverlust sowie schwerwiegende Krankheiten können die Folge sein. Aber auch Panikattacken, Angstzustände und Depressionen treten bei emotionaler Abhängigkeit auf.

Und, hast du dich in diesen Beschreibungen wiedergefunden? Auch ich war emotional abhängig und habe doch einen Weg gefunden, um mich aus dem Teufelskreis zu befreien. Du schaffst das auch, da bin ich mir ganz sicher. Es ist nur wichtig, dass du dir eingestehst, dass du dieses Problem hast. Denn wir können nur ändern, was wir sehen, annehmen und verändern wollen.

Psychologische Unterstützung ist bei emotionaler Abhängigkeit dringend erforderlich.

Solltest du oben genannten psychische Symptome an dir beobachten, möchte ich dich dringend bitten, dir therapeutische Hilfe in Form eines Psychologen oder Psychiaters zu holen. Glaube mir, ohne professionelle Hilfe wirst du es nicht schaffen.

*Wer sich selbst nicht liebt,
ist süchtig nach der Liebe der anderen.*

Die Sucht nach Liebe und Anerkennung

Nach der Trennung von meinem zweiten narzisstischen Partner war ich so tief am Boden, dass ich ohne therapeutische Unterstützung nicht aus meinem negativen Verhalten herauskam. Ich benötigte den professionellen Blick von außen, um schonungslos ehrlich mit mir zu sein und wirklich auf meine schmerzhaften Wunden zu schauen.

Ich suchte eine Therapeutin auf, die mich bereits in einer der ersten Stunden fragte: „Frau Demming, wie sehen Sie sich eigentlich selbst? Was fühlen Sie in sich, ganz tief in Ihrem Inneren?"

Wow! Was für eine Frage! Sie erwischte mich eiskalt, denn ich hatte keine Ahnung, wer ich war. Nach kurzer Zeit sagte ich zu ihr: „In meiner Brust ist ein durchsichtiger Plexiglaskasten und der ist total leer." Diese Erkenntnis machte mich wahnsinnig traurig. Zu lange hatte ich mich an die Erwartungen anderer Menschen angepasst. Ich definierte mich über deren Anerkennung und Wertschätzung.

Wenn man sich zu lange auf die Erwartungen anderer fokussiert, verliert man das eigene Selbst.

Wer sich auf die Suche nach Liebe und Anerkennung macht, konfrontiert sich innerlich ständig mit der eigenen Selbstablehnung. Deshalb freut man sich über Komplimente anderer Menschen auch nicht richtig. Da man von sich selbst ein ganz anderes Bild hat, lässt man das freundliche Kompliment gar nicht tief ins System hinein. Die Sicht des anderen stimmt mit der eigenen Sicht nicht überein und so lehnt man sie lieber ab.

Im Coaching benutze ich hierfür gerne die Sieb-Metapher: Das Selbstwertgefühl ist wie ein Sieb. Schüttet jemand ständig Komplimente und Anerkennung oben hinein, dann füllt es sich kurz und unser Selbstwertgefühl steigt. Doch nach und nach versickern die netten Worte und zurück bleibt das leere Sieb bzw. der permanente Mangel an Selbstwert. Deshalb ist es so wichtig, dass du in deinem eigenen System lernst, diese Löcher zu stopfen. Dann musst du nicht länger nach Liebe und Anerkennung hungern, weil sie bereits in dir gespeichert sind.

So oft sind Menschen auf der Suche nach jemandem, der ihre innere Leere füllt, sie irgendwie komplett macht. Viele erhoffen sich durch eine Beziehung ein Gefühl von Vollständigkeit, sie möchten sich endlich geliebt fühlen. Ihre tiefe Unsicherheit versuchen sie über die Bewunderung von anderen zu kompensieren. Sie lassen ihren Wert vom Außen bestimmen.

Mache deinen eigenen Wert nicht von der Bewertung anderer abhängig.

Damit geben sie aber ihre Macht ab, denn sie fühlen keinen Selbstwert, wenn niemand in ihrer Nähe ist. Am schlimmsten sind die Wochenenden: Sitzen sie an einem Samstagabend allein zu Hause, fühlen sie sich völlig verloren. Oftmals suchen sie dann über das

Internet in verschiedenen Dating-Plattformen Anerkennung. Sollte das erfolglos bleiben oder sollten sie sogar Ablehnung erfahren, fallen sie in ein noch tieferes Loch.

Es ist gefährlich, sein Selbstwertgefühl von anderen abhängig zu machen, denn so ist man immer auf jemanden angewiesen. Dein eigener Wert wird nicht mehr von dir selbst bestimmt, sondern von vielleicht wildfremden Menschen aus dem Internet, die lediglich ein Foto von dir kennen.

Für Bewunderung und Liebe spielen die Süchtigen ein Spiel: Sie setzen ihre Masken auf und geben vor, irgendjemand anderes zu sein, nur nicht sie selbst. Das kostet enorm viel Energie, denn man muss immer wieder herausfinden: Wie will der andere mich gerade? Was muss ich ihm geben? Wie soll ich sein, damit er mich gut findet? Was darf ich auf keinen Fall machen?

Stellst du dich oft infrage? Weißt du, wer du bist? Oder erfüllst du nur noch die Erwartungen anderer? Vergleichst du dich immer wieder mit anderen und verlierst du dabei ständig? Schimpfst du dann mit dir und lehnst dich innerlich noch mehr ab? Geht es dir gut, wenn du

Sich ständig zu verstellen, kostet enorm viel Kraft.

Aufmerksamkeit bekommst, und leidest du sehr, wenn niemand für dich da ist? Schämst du dich dafür, wie du bist?

Findest du dich in diesen Fragen wieder? Das deutet darauf hin, dass du dich zu sehr vom Außen abhängig machst, deine innere Schönheit nicht kennst und gar nicht richtig lebst. Wahrscheinlich gab es oft Menschen in deinem Leben, die klare Erwartungen an dein Verhalten hatten. Diese zu erfüllen, brachte dir Anerkennung und Liebe. So hast du niemals angefangen, dich selbst zu suchen, sondern hast immer nur funktioniert und gabst vor, der zu sein, den dein Gegenüber sich wünschte.

Wenn du meinst, es immer allen recht machen zu müssen, dann hast du dein Selbst schon längst aufgegeben.

Wieso du ein falsches Selbstbild entwickelt hast

Von dem Psychoanalytiker, Kinderarzt und Entwicklungspsychologe Donald Winnicott stammt das Konzept des wahren und des falschen Selbst. Hierbei geht es um Anpassung versus Individualisierung. Er fand heraus, dass bereits Babys spüren können, was falsch und was richtig ist, und ihr Verhalten dementsprechend anpassen. Ungewünschtes Handeln wird so ab der frühesten Kindheit unterlassen, da man existenziell von den Eltern abhängig ist und unterbewusst ihre Liebe gewinnen möchte.

Stellen die Eltern nun zu viele Anforderungen an ihr Kind, entsteht in ihm ein defensiver innerer Anteil: sein falsches Selbst. Sätze wie „Du musst …", „Du sollst …", „Sei brav, lieb und sauber!", „Faulenze hier nicht herum!" und „Sei nicht so laut!" spiegeln den Kindern ihr unerwünschtes Benehmen wider. Den Eltern ist in dem Moment nicht bewusst, dass sie die Impulse aus dem wahren Selbst des Kindes beschneiden, und dass deshalb keine gesunde Entwicklung erfolgen kann. Das Kind kann keinen Zugang zu seinem wahren Selbst finden, denn dieses wurde immer wieder abgespalten, da es nicht erwünscht war.

> Unsere Identität, unsere Selbstachtung, das Selbstvertrauen, die echten Gefühle und Bedürfnisse zeichnen das wahre Selbst aus.

War ein Mensch nicht in der Lage, ein gesundes Selbstbild zu entwickeln, kompensiert er – er definiert sich über Leistung, Schönheit, Perfektionismus, Statussymbole oder das Helfersyndrom und verstärkt dadurch die Selbstentfremdung noch zusätzlich.

Die Identitätsebene formt sich bereits, wenn wir noch gar nicht wirklich das Bewusstsein dafür haben. Schon sehr früh lernen wir, wer wir sein sollten, aber nicht, wer wir sind. Unsere Identität wurde also von den Erwartungen der Eltern bestimmt.

Als Erwachsener bist du nicht mehr auf die Liebe der Eltern angewiesen und kannst dich von deinem falschen Selbst befreien. Hierzu bedarf es Selbstreflexion, Selbsterfahrung, Wachstum und Persönlichkeitsentwicklung. Veränderungen auf der Identitätsebene stellen eine große Herausforderung dar. Dort gesetzte „falsche Wahrheiten" lassen sich nur schwer eliminieren und holen uns im Laufe unseres Lebens auch immer wieder ein. Deshalb hab hier ganz besonders viel Geduld mit dir – du hast es verdient, dich selbst kennen- und lieben zu lernen!

> Unsere Identitätsebene zu verändern, ist ein langwieriger Prozess.

Falsche Liebe loszulassen ist manchmal schwerer als echte Liebe zuzulassen.

Wie Traumabänder dich gefangen halten

Für Außenstehende – aber auch für uns selbst – ist es oft nicht verständlich, warum wir in diesen schrecklichen Beziehungen stecken bleiben. Ich bin der Meinung, dass niemand wirklich nachvollziehen kann, was in Betroffenen vorgeht, wenn man nicht selbst etwas Ähnliches durchgemacht hat. Was hier mit dir passiert, ist seelischer Missbrauch.

Die amerikanische Traumatherapeutin Shannon Thomas warnt an dieser Stelle eindringlich vor dem schleichenden Übergang zum Missbrauch. Anfänglich fallen nur ein paar abschätzige Kommentare, später folgen kleinere Attacken, die die Opfer zunächst als Nichtigkeiten abtun – denn der Partner war ja sonst immer so liebevoll zu ihnen.

Nach und nach nehmen die Beleidigungen zu, doch die Sehnsucht nach dem liebevollen Partner vom Anfang der Beziehung bleibt bestehen. Das Opfer fängt deshalb an, sich immer mehr infrage zu stellen, an sich zu zweifeln und sich selbst die Schuld für die negative Veränderung der Beziehung zu geben. Es verharrt in der Beziehung und strengt sich an, noch perfekter zu sein.

Verletzende Attacken wechseln sich ständig mit Wertschätzung, Entschuldigungen und Liebe ab, bis eine körperliche Abhängigkeit entsteht. Durch das Spielchen von heiß und kalt, Nähe und Distanz, „Ich liebe dich und „Ich liebe dich nicht" erlebt das Opfer einen ständigen Wechsel der Stresshormone Adrenalin (bei Angriff und Stress) und Dopamin (bei Freundlichkeit und Liebe). Nach und nach wird der Körper süchtig nach dem nächsten Schuss Dopamin. Langfristig schadet dieser ständige Wechsel der Hormonausschüttung dem Organismus erheblich, denn unser Körper ist für permanenten Stress nicht gemacht.

> Starke Schwankungen im Hormonhaushalt können süchtig machen.

Durch dieses missbräuchliche Verhalten bindet der Täter sein Opfer noch stärker an sich. So entstehen die sogenannten unsichtbaren Traumabänder, die beide Partner eng aneinander binden. Das erklärt auch, warum Opfer ihren Partner nach einer Trennung sofort wieder vermissen und meist schon nach kurzer Zeit zu ihrem Peiniger zurückkehren.

Laut Thomas wird ein gesunder Hormonhaushalt erst wieder nach einem Jahr erreicht, aber nur, wenn das Opfer in dieser Zeit keinen Kontakt mehr zum Täter hatte. Trennt sich das Opfer und bleibt weiterhin per WhatsApp, telefonisch oder gar physisch in Kontakt, spielen die Hormone wieder verrückt und

> Nach einer Trennung sollte man jeglichen Kontakt abbrechen, um nicht rückfällig zu werden.

der Betroffene fällt in die alte Abhängigkeit zurück. Vergleichbar mit einem Heroinsüchtigen, der seinen nächsten Schuss benötigt – für diesen nimmt er so gut wie alles in Kauf.

Anzeichen dafür, dass du in Traumabändern gefangen bist, sind zum Beispiel:

- dass du deinen Partner schützt und verteidigst, obwohl er im Unrecht ist;
- dass du dich nicht von ihm trennen kannst, obwohl er dich nicht gut behandelt;
- dass du weißt, dass du ihn verlassen müsstest, es aber nicht schaffst;
- dass du ständig wegen Nichtigkeiten von ihm bestraft wirst;
- dass er immer wieder provoziert und streitet und dann reumütig zurückkommt;
- dass du es nach der Trennung ohne ihn einfach nicht aushältst und bald darauf zu ihm zurückgehst;
- dass er ständig beteuert, dass er sich verändern wird, eine Therapie machen möchte und sich bessert, was aber niemals geschieht;
- dass eine Trennung dir unvorstellbar erscheint;
- dass deine Freunde dich schon lange darauf hinweisen, dass dieser Mensch dir nicht guttut oder du dich negativ verändert hast;
- dass du endlos lange Diskussionen mit ihm führst, die aber keine klärenden Ergebnisse bringen;
- dass du dich für einen Mensch verantwortlich fühlst, ihn retten, heilen oder therapieren willst, obwohl dieser Mensch nicht für dich da ist;
- dass du noch täglich an ihn denkst, selbst wenn du schon länger von ihm getrennt bist;
- dass du dich auch nach der Trennung noch für seine Familie und Freunde verantwortlich fühlst.

Kurzum: Wenn du an Menschen festhältst, die dich belügen, betrügen, benutzen, dir Leid zufügen, dich missbrauchen und dir sichtbar schaden, dann ist die Wahrscheinlichkeit groß, dass du aufgrund von

Traumabändern bei ihnen bleibst. Der logische Menschenverstand wird ausgeschaltet, du agierst nur noch über eine chemisch-körperlich-hormonelle Ebene, die niemand nachvollziehen kann.

Du kannst nur fliegen,
wenn du bereit bist, die Angst loszulassen.

Warum du so große Angst davor hast, dich zu trennen

Du kennst mittlerweile viele Gründe dafür, warum es dir einfach nicht gelingt, diese toxische Person loszulassen. Hinzu kommt noch etwas, das man „Investment-Bonding" nennt: Du hast schon so viel in diese Beziehung investiert – Zeit, Kampf, Schmerz und Leid – und möchtest nun, dass es sich für dich auszahlt.

Ich kann mich noch sehr gut daran erinnern, dass ich mir damals gesagt habe: „Gut, dann betrügt er mich halt. Dann toleriere ich das eben und lebe damit." Nur, weil ich nicht all das wieder verlieren wollte, was ich schon in die Beziehung gesteckt hatte. Ich wünschte mir nichts mehr, als für meine ganze Investition irgendwann vom Leben belohnt zu werden – ganz so, als hätte ich mich an einen Kredit gebunden.

Gleichzeit ist da dieser unfassbar tiefe emotionale Schmerz, der dich mit deinem Partner verbindet. Denn in einem Narzissten stecken oftmals die gleichen Ängste, die gleichen Verletzungserfahrungen und das gleiche unsichere Selbstwertgefühl wie in dir. Diese Gemeinsamkeiten verbinden euch. Du fühlst dich verstanden und du möchtest ihn und dich gleichzeitig heilen. Du glaubst gar nicht, wie viele Klienten diesen Herzenswunsch immer wieder äußern. Sie hoffen, dass es einen Weg gibt, doch noch mit dem Narzissten alt und glücklich zu werden. Aber das ist leider nicht möglich.

Ein anderer wichtiger Grund dafür, warum du ihn einfach nicht loslassen kannst, ist die Angst vor dem Gefühl, nicht geliebt zu werden. Denn in der Lovebombing-Phase bist du so geliebt worden wie noch nie zuvor in deinem Leben. Lässt du diesen Menschen nun los, dann wäre alles umsonst gewesen und du müsstest dir eingestehen, dass alles eine Lüge war. Die Wunden, die in deiner Kindheit entstanden sind, würden wieder aufreißen und du wärst überzeugt, tatsächlich keine Liebe zu verdienen. Auch wenn der Partner ihnen täglich ihre Fehler vorhält, haben sie die Hoffnung, dass er irgendwann wieder so wird wie früher.

Aber auch da muss ich dich enttäuschen. Selbst wenn das jetzt hart klingt: Die Psychologen und Psychotherapeuten sind sich einig, dass Narzissmus nicht heilbar ist. In manchen Fällen lässt er sich mildern, aber dazu müsste der Patient zur Mitarbeit und Selbstreflexion bereit sein. Für einen Narzissten ist eine Therapie Gift, denn dort muss er sich mit Kritik und seinem eigenen Fehlverhalten auseinandersetzen. Ein Narzisst geht erst in eine Therapie, wenn er einen sehr hohen Leidensdruck hat. Lässt dieser nach, beendet er oft direkt die Therapie. Ich möchte es dir hier noch einmal ganz deutlich zu verstehen geben: Narzissmus ist nicht heilbar!

Ein Narzisst ändert sich nicht.

Er wird sich nicht ändern und er wird niemals wieder so sein, wie er am Anfang war. Psychologen sagen, für Menschen in toxischen Beziehungen bleibt nur der Weg der Trennung. Bitte mach dir das ganz deutlich bewusst!

Ich hoffe, dass du nun genug gelesen hast, um zu verstehen, weshalb du diese destruktive Beziehung sofort beenden solltest. Du weißt inzwischen, dass es nicht leicht wird, aber auch, dass es keine andere Wahl gibt. Lass sie uns gemeinsam angehen, deine Ablösung vom Narzissten!

TEIL 2

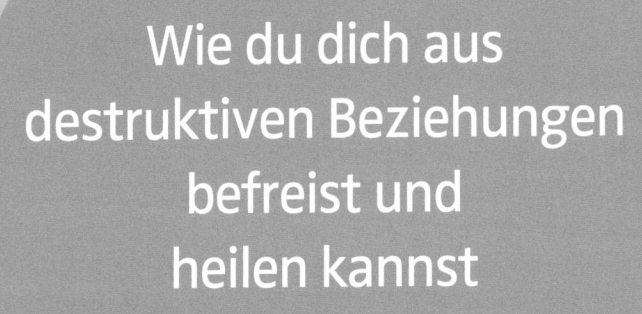

Wie du dich aus
destruktiven Beziehungen
befreist und
heilen kannst

HERZLICH WILLKOMMEN ZUM ZWEITEN TEIL

Du wirst feststellen, dass dieser Teil ganz anders geschrieben und aufgebaut ist als der erste. Ich habe ihn konzipiert wie ein Coaching, denn ich möchte dich mit meiner direkten Ansprache ganz persönlich abholen und gleichzeitig dein Unterbewusstsein ansprechen. Es ist enorm wichtig, das Unterbewusstsein in den Transformationsprozess mit einzubinden, denn nur so können langfristige Verbesserungen erreicht werden.

Um eine effektive Veränderung zu erreichen, ist es zudem erforderlich, mehrere Kanäle anzusprechen. Viele Informationen sollen deine kognitive Seite ansprechen. Real erlebte Beispiele helfen dir bei der emotionalen Verarbeitung: Du kommst ins Fühlen und dich werden eigene Erlebnisse triggern. In jedem Kapitel stelle ich dir selbstreflektierende Fragen, die dir Klarheit verschaffen, Erkenntnis bringen und dich wachsen lassen. Die Meditationen solltest du unbedingt machen, denn sie werden bis in dein Unterbewusstsein vordringen und Blockaden lösen. Mir ist diese ganzheitliche Arbeit sehr wichtig, weil ich der festen Überzeugung bin, dass nur so komplette Loslösung, Transformation und Heilung möglich sind.

QR-Code zu den Meditationen:

Also, lass dich darauf ein und nimm dir genügend Zeit, um die einzelnen Fragen in Ruhe zu beantworten. Vielleicht kaufst du dir dafür sogar ein Notizbuch, in das du alles einträgst. So kannst du immer verfolgen, wie weit du schon gekommen bist. Es ist dein Weg und du entscheidest, wie genau du ihn beschreiten möchtest. Lass uns also gemeinsam loslegen.

SCHRITT 1: WIE DU SICHER DURCH DIE TRENNUNG KOMMST

Während meiner Trennung beging ich so ziemlich alle Fehler, die man nur begehen konnte. Es war unsagbar schwer. Dabei hatte ich bereits zwei Trennungen hinter mir, aber das waren eben keine Narzissten. Hier sah alles ganz anders aus. Narzissten verändern sich nämlich, wenn man sie verlässt.

In meinen beiden toxischen Beziehungen konnte ich verschiedene Verhaltensweisen beobachten. Der eine drohte mir nur noch: „Ich bringe mich um", „Ich entziehe dir die Kinder", „Du wirst ganz allein für alles aufkommen müssen", „Ich werde in unserem Haus mit meiner neuen Freundin leben" …

Ich machte damals den großen Fehler, mitzuspielen und mich zu rechtfertigen. Nie konnte ich es ihm recht machen, immer fand er neue Fehler und warf mir Anschuldigungen an den Kopf. Das brachte mich psychisch an meine Grenzen.

Er selbst hielt sich an keine Absprachen und kam und ging, wann er wollte. So holte er die Kinder bei-

> Jeden Tag kamen neue Vorwürfe und Beschimpfungen; Machtspielchen und Streitereien wurden zur Routine.

spielsweise nur, wenn es ihm passte und sie auch gesund waren. Er gab mir deutlich zu verstehen, dass kranke Kinder bei ihm nicht erwünscht waren. Rückblickend weiß ich, dass ich mich auf diese ganzen

Manipulationstechniken gar nicht hätte einlassen dürfen, denn so bekam mein Ex-Partner die gewünschte Macht über uns und mich rieb das Ganze zunehmend auf.

Bei meinem anderen Ex-Partner kann ich gar nicht wirklich von einer Trennung sprechen. Wir trennten uns ständig und doch irgendwie nie. Insgesamt gab es fünf Trennungsversuche. Dieses On-off ist charakteristisch für narzisstische Beziehungen. Er kam immer wieder zurück, entschuldigte sich, war lieb, einfach wundervoll und tat alles, was ich brauchte, um mich wieder auf ihn einzulassen.

Plötzlich wurden gemeinsame Urlaube geplant, es wurde über das Zusammenziehen gesprochen und ich wurde immer mehr in sein Leben eingebunden. Ich durfte ihn als seine Partnerin zu offiziellen Anlässen begleiten und wurde für alle präsenter an seiner Seite. Auf einmal war er so, wie ich ihn mir immer gewünscht hatte: liebevoll, aufmerksam, verständnisvoll, zuverlässig und unterstützend. Mein Traumpartner! Doch das sollte sich nach kurzer Zeit wieder ändern, und alle negativen Verhaltensweisen, die mich zermürbten und zerstörten, begannen wieder von vorn. Ich kam einfach nicht von ihm los. Es war wie eine Sucht.

Hätte ich vorher gewusst, wie Narzissten bei einer Trennung agieren, welche Manipulationstechniken sie anwenden und wie sie einen immer wieder in ihren Bann ziehen, hätte ich konsequenter handeln können. Ich wäre auf seine Show vermutlich nicht hereingefallen.

Die Trennung ist der schwierigste Teil der ganzen Beziehung.

Heute weiß ich, dass man gut vorbereitet in eine Trennung gehen sollte. Verlässt du einen Narzissten, musst du eine Strategie haben und dich vor allem stark genug fühlen, diesen so schweren Schritt auch wirklich zu gehen.

Um den quälenden Schmerz, die Angst vor der Einsamkeit, die emotionale Abhängigkeit und das Suchtgefühl auszuhalten, benötigst du Kraft und innerer Stärke. Darauf solltest du dich einstellen.

In einem ersten Schritt kannst du dir folgende Fragen stellen, um dich mental auf diese große Veränderung vorzubereiten:

1. Was ist mein *Warum* für die Trennung?
2. Unter welchen Ereignissen habe ich besonders gelitten?
3. Was genau ertrage ich nicht länger?
4. Wie möchte ich mich in Zukunft nicht mehr fühlen?
5. Wie würde mein Leben aussehen, wenn ich bleiben würde?

Stehe niemals hinter Menschen, die auch nicht hinter dir stehen.

Welche Vorbereitungen du treffen solltest

Den Traum von der großen Liebe aufzugeben, ist sehr schwer. Nach der wundervollen Lovebombing-Phase möchte man einfach weiterhin daran glauben, dass diese traumhafte Zeit zurückkommen kann. Gleichzeitig hat man Angst, schon wieder gescheitert zu sein, und Angst vor der Einsamkeit und der Bestätigung, nicht liebenswert zu sein. All das erschwert eine Trennung noch mehr.

In dieser Beziehung wirst du nicht glücklich werden. Du wirst nur weiter gedemütigt, abgewertet und manipuliert. Aufrichtige und wahrhaftige Liebe kann dir ein Narzisst einfach nicht geben. Du wirst eine Marionette des Narzissten bleiben und er wird die Fäden in der Hand halten. Deshalb treffe jetzt ganz bewusst die Entscheidung und bereite deine Trennung so gut wie möglich vor.

Die Angst vor dem Alleinsein hindert viele daran, sich zu trennen.

Du solltest hier wirklich schlau agieren und die Planung so lange wie möglich vor ihm geheim halten. Denn laut dem Psychiater H. Duncker und der Psychologin A. Hirschelmann können einvernehmlich vereinbarte Trennungen in der Realität oftmals nicht rational und friedvoll umgesetzt werden, da im Trennungsprozess Affekte und Emotionen die Oberhand gewinnen. Das schadet beiden Partnern sowie den Kindern enorm.

Sollte der Narzisst bereits ahnen, dass du dich trennen möchtest, wird er alles daransetzen, dich vom Gegenteil zu überzeugen. Er wird alle Manipulationstechniken herauskramen und dich schwächen, verwirren oder dir das absolute Traumleben mit ihm versprechen. Dadurch wird eine Ablösung von ihm noch unvorstellbarer, als sie es ohnehin schon ist.

Oftmals gehen Betroffene völlig unvorbereitet in eine Trennung. Im Affekt eines Streits schreien sie heraus, dass sie sich trennen werden, wissen aber gar nicht, wohin sie gehen sollen. Vielleicht ist ihre Existenz auch gar nicht abgesichert. Dann bemerken sie, dass sie weiterhin mit dieser toxischen Person auf engstem Raum zusammenwohnen müssen, da sie keinerlei Fluchtmöglichkeit haben.

Meistens wird es danach nur noch schrecklicher, denn er vergisst nicht, dass du theoretisch dazu bereit bist, ihn zu verlassen. Er versucht dich nun noch mehr zu manipulieren, zu kontrollieren und kleinzuhalten. Das ist nicht lustig und das solltest du unbedingt vermeiden. Also bitte wenn möglich nichts Ungeplantes oder Unüberlegtes tun.

Das Wichtigste ist, dass du dich vor der Trennung erst einmal selbst psychisch stärkst und an Selbstvertrauen gewinnst. Du solltest genug Mut, Kraft und unbändigen Willen entwickeln, diese toxische Verbindung ein für alle Mal zu lösen. Daran arbeiten wir in den folgenden Kapiteln. Jetzt geht es erst einmal um die faktischen Vorbereitungen auf die Trennung.

Bevor du dich trennst, baue Selbstbewusstsein und innere Stärke auf.

Solltest du mit dem Narzissten verheiratet sein und sogar gemeinsame Kinder mit ihm haben, ist es wichtig, dass du zunächst alle wichtigen Dokumente sicherst. Fertige Kopien von den Steuererklärungen der letzten Jahre, von den Gehaltsbescheinigungen deines Partners der letzten zwölf Monate, von eurer Heiratsurkunde und den Geburtsurkunden der Kinder an.

Mir geht es nicht darum, dass du deinen Partner hintergehen oder ausnehmen sollst. Wenn du allerdings später davon abhängig bist, dass dein narzisstischer Partner dir diese wichtigen Dokumente aushändigt, dann wirst du unter Umständen sehr lange darauf warten müssen. Es geht einzig und allein darum, gut vorbereitet zu sein, denn du benötigst genau diese Unterlagen, damit das Jugendamt die Unterhaltszahlungen für die Kinder berechnen kann.

Viele Frauen warten monatelang darauf, dass der Narzisst seine Gehaltsbescheinigungen vorlegt. In dieser Zeit sind sie quasi mittellos, was sie in den existenziellen Ruin treiben kann. Denn ohne ein festes Einkommen bekommt man beispielsweise nur schwer eine neue Wohnung.

Der nächste Schritt ist, sich eine Rechtsberatung bei einem Juristen zu organisieren, der dir deine Situation genaue aufzeigt und vor allem auch berechnen kann, welche Unterhaltszahlung dir nach der Trennung monatlich zur Verfügung steht. Unterrichte das Jugendamt von deiner bevorstehenden Trennung und lass dich auch hier beraten, was genau du bezüglich der Kinder beachten solltest.

Wichtig ist, sich bereits vor der Trennung um eine neue Bleibe und ein eigenes Einkommen zu kümmern.

Versuche anschließend, autonom und eigenständig zu werden. Das bedeutet, du suchst dir eine Arbeit, die dich und deine Kinder absichert. Jetzt ist es auch an der Zeit, sich eine neue Wohnung zu suchen.

All diese Planungen werden den Narzissten stutzig machen und eventuell spürt er, dass sich etwas verändert. Deshalb könnte es sein, dass er schon wieder versuchen wird, Nähe und Liebe zwischen euch aufzubauen. Oder er provoziert und reizt dich, indem er auf deiner neugewonnenen Stärke herumtritt, um dich wieder zu schwächen.

Bitte lass dich davon nicht aus dem inneren Gleichgewicht bringen und sag ihm auf gar keinen Fall im Affekt, was du planst. Er wird es zu verhindern wissen und all deine Mühen waren umsonst. Erst wenn du dich stark genug fühlst, die neue Wohnung bezugsfertig ist und du einen festen Job hast, konfrontierst du ihn mit deiner Entscheidung. Das kannst du heimlich machen und ihn mit einer leeren Wohnung und einem Abschiedsbrief vor vollendete Tatsachen stellen. Wenn du dich stark genug fühlst, kannst du es ihm auch in einem persönlichen Gespräch mitteilen. Unmittelbar danach solltest du aber die gemeinsame Wohnung verlassen.

Für die erste Zeit nach der Trennung kann es hilfreich sein, bei deiner Familie oder guten Freunden unterzuschlüpfen. Denn ein gekränkter und verlassener Partner kann in eine narzisstische Wut verfallen und hinter dir herfahren, um dich zu bedrohen, dir zu schaden oder um dich einfach nur zurückzuholen. In einem Umfeld mit deiner Familie oder deinen Freunden traut er sich das nicht und wird sich eher ruhig verhalten. Nach zwei bis vier Wochen kannst du dann in deine neue Wohnung ziehen.

Vielleicht denkst du jetzt, dass du gar keine Freunde mehr hast und der Kontakt zu deiner Familie schon lange nicht mehr besteht. Dann ist es wichtig, dass du dir im Vorfeld neue Menschen suchst, die dich mögen und dich unterstützen. Weihe sie in deine Pläne ein. Es gibt viel mehr alleinerziehende Mütter und Väter, als du dir vorstellen kannst. Es werden ein paar nette Menschen dabei sein, die für dich da sind und bei denen du dich wohlfühlst.

> Suche dir Menschen, die dich unterstützen und für dich da sind.

Scheue dich aber nicht, dich auch an alte Freunde oder an deine Familie zu wenden. Oftmals sind diese Verbindungen nur auseinandergegangen, weil du mit dem Narzissten zusammen warst. Sie werden dich herzlich gerne dabei unterstützen, dich von diesem Partner zu trennen. Deshalb habe keinen falschen Stolz und traue dich, auf diese Menschen zuzugehen.

Außerdem solltest du dir bereits vor der Trennung Gedanken darüber machen, wie ihr den gemeinsamen Hausstand auflösen möchtet und wie ihr die Besuchszeiten der Kinder regelt.

Je nachdem, wie klein deine Kinder sind, solltest du sie nicht zu früh in die Trennungspläne einweihen. Erst wenn du packst oder die gemeinsame Wohnung verlässt, sollten sie darüber informiert werden. Denn für Kinder ist das ewige Hin und Her, die Unsicherheit, ob oder ob nicht, unerträglich. Sie versuchen dann automatisch, die Verantwortung für die Eltern zu übernehmen, das darf nicht ihre Aufgabe werden. Sollten deine Kinder schon älter als zwölf Jahre sein, dann kannst du sie mitentscheiden lassen. Sie dürfen bestimmen, bei welchem Elternteil sie lieber leben möchten.

> Eine feinfühlige Kommunikation mit den Kindern ist besonders wichtig.

Je nachdem, wie ausgeprägt die narzisstischen Anteile deines Partners sind, kannst du vielleicht auch ein Gespräch suchen und alles in Ruhe klären. Anschließend sagt ihr es dann gemeinsam den Kindern. Mit meinen Partnern war das zum Glück immer möglich. Ich habe allerdings auch keine körperliche Gewalt in meinen Beziehungen erfahren.

Du darfst also immer für dich selbst entscheiden. Hast du all diese Dinge beachtet und die Vorbereitungen getroffen, kannst du gehen. Auch die Trennungsmeditation ist eine gute Übung, damit sich dein Unterbewusstsein ebenfalls lösen kann. Du findest sie unter www.katjademming.com/meditationen-buch

Deine Checkliste für die Trennung:

1. Wichtige Dokumente kopiert?
2. Wer wird wo wohnen?
3. Wie viel Geld bekomme ich/muss ich dem anderen zahlen?
4. Wo werden die Kinder leben?
5. Welche Besuchszeitenregelungen sind sinnvoll?
6. Wie wird der Hausstand aufgeteilt?

Irgendwann lohnt es sich nicht mehr,
für etwas zu kämpfen, was schon lange verloren ist.

Wie du dich am schnellsten von ihm löst

Nach der Trennung steht dir die schwierigste Zeit bevor. Ängste, Sorgen und Nöte ploppen in dir auf: War es die richtige Entscheidung? Habe ich sinnvoll gehandelt? Oder hätte ich noch etwas anderes versuchen sollen?

Solche ständigen Grübeleien, ebenso wie die Sehnsucht nach seiner Liebe, die Angst vor der Einsamkeit und davor, die gewohnten Konditionierungen und Manipulationen hinter sich zu lassen, quälen einen enorm. Es ist fast nicht auszuhalten, geschweige denn zu bewältigen.

Jeder Gedanke gilt dem Narzissten: Was macht er? Geht es ihm gut? Warum meldet er sich nicht? War ich ihm so egal? Soll ich ihn anrufen? Ich drehe durch! Hat er schon eine andere? Wie sehen seine Freunde und seine Familie unsere Trennung? Stehe ich noch gut vor ihnen da? Verbreitet er Lügen über mich? Ist er online? Mit wem schreibt er? Gibt es neue Fotos in den sozialen Medien? Sieht er glücklich aus?

> Die Zeit direkt nach der Trennung gleicht einer Tortur.

Dieses Gedankenkarussell lässt sich nicht stoppen. Keine Minute vergeht, in der du nicht an ihn denkst und darauf hoffst, dass er sich meldet. Immer wieder zweifelst du an dir und deiner Entscheidung. Ständig hinterfragst du die Situation und deinen Entschluss. Eine Tortur, die kaum auszuhalten ist. Es ist daher enorm wichtig, dass du dir die ganze Trennung nicht noch zusätzlich erschwerst, weshalb ich dir hier einige Verhaltensmaßnahmen mit auf den Weg geben möchte.

Das oberste Gebot, um ein Ablösen überhaupt zu schaffen, ist, keinerlei Kontakt zu ihm zu haben! Warum ist das so wichtig? Wie du bereits in dem Kapitel „Wie Traumabänder dich gefangen halten" gelernt hast, entsteht durch die ständigen Wechsel von Liebe und Distanz eine hormonelle Veränderung in deinem Körper, die immer wieder das Suchtgefühl in dir auslöst. Diese gilt es zu unterbrechen.

Immer wenn wir unseren Ex-Partner stalken, anrufen, treffen oder uns nur gedanklich mit ihm beschäftigen, findet der hormonelle Austausch von Adrenalin und Dopamin weiterhin in uns statt. Somit kommst du nie zur Ruhe und dein Hormonhaushalt findet nicht in eine normale und gesunde Regulation zurück. Du siehst, nur eine strenge Kontaktvermeidung lässt dich gesunden und deine Sucht überwinden.

Aus diesem Grund solltest du sämtliche Nummern von ihm blockieren und dir selbst eine neue Handynummer zulegen. Lösche ihn auf allen sozialen Medien, sodass du keine Bilder, Statements oder Ereignisse seines Lebens mehr mitbekommst. Er sollte dich auf keinen Fall mehr erreichen können.

> Versuche deinem Ex-Partner so wenig wie möglich zu begegnen.

Nimm einen anderen Weg zur Arbeit, ändere deine Trainingszeiten im Fitnessstudio und alle anderen Gewohnheiten, die er kennt und bei denen er dir auflauern könnte.

Solltet ihr keine gemeinsamen Kinder haben, dann gib deinem Ex-Partner bitte niemals deine neue Adresse bekannt. Informiere auch gemeinsame Freunde und Verwandte darüber, dass sie deinen neuen Wohnsitz nicht an den Narzissten weitergeben. Überhaupt sollten gemeinsame Bekannte nichts von dir weitererzählen und du solltest sie zudem bitten, dass sie dir auch keine Informationen über deinen Ex-Partner geben, denn das reißt deine Wunden immer wieder auf.

Habt ihr gemeinsame Kinder, erlaube ihm den Kontakt zu dir nur noch über E-Mail. Somit hast du alle seine Aussagen schriftlich und kannst sie direkt abspeichern, falls man sie später vor Gericht benötigen sollte. Bedenke beim Schreiben, dass er diese Mails auch gegen dich verwenden kann.

Macht zudem die Übergabe nie in deinem neuen Zuhause, sondern verabredet euch an einem neutralen Ort. Ein Supermarktparkplatz, eine Tankstelle oder andere öffentliche Plätze eignen sich hierfür sehr gut. Am Anfang kann es sinnvoll sein, die Übergabe der Kinder mittels einer dritten Person wie den Großeltern, Paten oder Freunden durchzuführen. So kommt es vor den Kindern nicht zu Streitereien oder Respektlosigkeiten. Gleichzeitig begegnest du deinem narzisstischen Ex-Partner nicht und kommst so leichter von ihm los.

Lass dich zudem niemals provozieren. Er wird versuchen, sich auf ganz verschiedenen Wegen seine narzisstische Zufuhr zu holen. Einer meiner Ex-Partner hat mich immer extrem provoziert, insbesondere damit, dass er mir vorwarf, nicht gut genug für unsere Kinder zu sorgen. Damit hat er mich an meinem wundesten Punkt getroffen, denn mir war es immer sehr wichtig, mich wie eine Löwin um meine Kinder zu kümmern und sie so unbeschadet wie möglich durch die Scheidung zu bringen.

Mir war nicht klar, dass ihm diese Streitereien guttaten, er erfreute sich daran, dass ich Qualen litt. Ihm ging es gut, wenn es mir schlecht ging. Dafür tat er alles und gab mir weit über unsere Trennung hinaus für alles die Schuld. Lass du dich daher nach Möglichkeit auf keinen Streit und keine Provokationen ein.

Lass dich auf keinen Fall provozieren!

Die Trauma-Therapeutin Shannon Thomas empfiehlt dafür die sogenannte „Grey Rock Methode". Damit ist gemeint, dass du dich immer, wenn der Narzisst dich kontaktiert, wie ein grauer Stein verhalten solltest. Biete ihm keine Reaktionen, keine Gefühle und keine Rechtfertigungen, denn das macht dich nur wieder angreifbar und verletzbar. Begegnest du all seinem Tun mit Nichtbeachtung, spürt er schnell, dass er von dir keine narzisstische Zufuhr mehr bekommt, und erst dann lässt er dich in Ruhe. Nur durch eine klare Abgrenzung von ihm kann wahre Ablösung erfolgen.

Ich weiß, dass diese Maßnahmen zunächst sehr schwer einzuhalten sind. Zu sehr sehnst du dich danach, dass er die Wunden in dir stillt und dir sagt, dass er dich noch liebt, du die beste Partnerin in seinem Leben warst und er dich so sehr vermisst. Denn paradoxerweise wollen wir immer unsere Wunden von den Menschen geheilt bekommen, die sie uns zugefügt haben.

Suche niemals Heilung bei dem, der dich verletzt hat.

Aber ganz ehrlich? Für dich und dein Leben wäre es am leichtesten, wenn du ihn einfach nie wiedersehen und nichts mehr von ihm hören würdest. Unvorstellbar, oder? Viele, mich eingeschlossen, halten das nicht aus. Es zerfrisst einen und man wird wahnsinnig. Nichts wünscht man sich mehr, als ihn nur noch einmal wiederzusehen, mit ihm zu sprechen und ihm nah zu sein.

Unser Gehirn gibt uns plötzlich tausend Gründe, warum es gerade unbedingt notwendig ist, ihn zu kontaktieren: „Wir müssen noch besprechen, auf welche Schule die Kinder gehen sollen", „Ich glaube, ich habe mein Lieblingskleid bei ihm vergessen" usw. Diese Sehnsucht nach ihm macht dich förmlich süchtig. Du kannst dir den Schritt in ein neues Leben deshalb wie einen Entzug vorstellen: Das Gehirn verführt dich immer wieder, etwas von der Droge zu nehmen, doch meistens betrügen und sabotieren wir uns da nur selbst.

Das Allerwichtigste ist also, keinen Kontakt mehr zu ihm zu haben. Gibst du nach, wird alles wieder von vorne beginnen und deine Sucht neu entfachen. Es würde dir also nur schaden. Der Narzisst wiederum würde es genießen, dich leiden zu sehen und zu spüren, dass du ihn immer noch bewunderst und nicht von ihm loskommst. Also würdest du immer nur etwas für ihn und nichts für dich tun, wenn du der Sucht nachgibst.

Lass dich auch niemals auf das letzte Klärungsgespräch ein, das er noch unbedingt führen möchte. Aus deiner Beziehung weißt du, dass jegliche Kommunikation mit ihm ins Leere läuft und ohne Ergebnis bleibt. Warum sollte sich das nach der Trennung ändern? Es gab so viele Gründe für diese Trennung, die lassen sich im Nachhinein nicht einfach mittels eines Gespräches beseitigen.

Diese Fragen solltest du dir stellen, wenn du schwach wirst und Kontakt zu ihm aufnehmen möchtest:

1. Ist es wirklich dringend erforderlich, ihn zu kontaktieren, oder könnte ich die Sache auch anders lösen?
2. Was passiert mit meinem Hormonhaushalt, wenn ich ihn jetzt kontaktiere?
3. Was kann ich bewusst verändern, damit ich nicht mehr auf den Narzissten angewiesen bin?
4. Welche Regelungen und Vorkehrungen kann ich treffen, damit ich keinen Kontakt mehr zu ihm haben muss?
5. Was möchte ich in der Zukunft endlich wieder machen, was mit dem Narzissten unmöglich war?

Du kannst niemanden retten, der nicht gerettet werden will.

Wie du dich dem Narzissten gegenüber verhalten solltest

Mit der Trennung sind toxische Beziehungen lange noch nicht beendet. Es entsteht ein riesengroßer Gefühlscocktail, der auf dich einströmt: Hass, Neid, Wut, Kränkung, Verletzung, Ablehnung, Einsamkeit, Macht- und Hilfslosigkeit sind typische Empfindungen, die sich blitzschnell abwechseln können.

Spürst du diese Gefühle später aus irgendwelchen Gründen wieder, wirst du sofort an deinen Ex-Partner erinnert und unverarbeitete Verletzungen quälen dich erneut. Diese Gefühle verbinden euch also immer noch und sind deshalb so schwer auszuhalten. Daher ist es besonders wichtig, dass du versuchst, sie so wenig wie möglich in dir hochkommen zu lassen.

Packe alle Gegenstände, Kleidungsstücke und Fotos, die dich an deinen Ex-Partner erinnern könnten, so weit weg wie möglich. Denn jede Erinnerung an die gemeinsame Zeit reißt die alten Wunden wieder auf. Versuche deine Wohnung umzuräumen, streiche die Wände neu, nimm gemeinsame Fotos ab und packe all seine Geschenke weg. Kaufe dir neue Kleidung, neue Bettwäsche und verändere dein Aussehen.

Viel zu oft quält man sich mit Gedanken an die Vergangenheit, statt sich eine neue Zukunft aufzubauen. Viel zu lange möchte man den Ex-Partner festhalten, kontrolliert ihn, stalkt ihn und beschäftigt sich kontinuierlich mit ihm. Selbst wenn der Narzisst dich schon lange losgelassen hat und womöglich neu liiert ist, hoffst du immer noch darauf, dass er sich besinnt und zu dir zurückkommt. Paradox, oder?

Du stellst dein ganzes Leben weiterhin auf deinen Ex-Partner ein und versuchst, keine Informationen im Internet oder im richtigen Leben zu verpassen. Ein typisches Verhalten nach einer Trennung aus einer toxischen Beziehung ist, dass man mehr in der Vergangenheit lebt als in der Gegenwart oder Zukunft.

> Welche Energie ist gerade größer bei dir? Die Trennungs- oder die Bindungsenergie?

Daher frage dich selbst jetzt bitte ganz kritisch: Welche Energie in dir ist gerade größer? Die Bindungsenergie oder die Trennungsenergie?

Ich weiß, wie sehr du dir wünschst, dass er die Wunde, die er dir zugefügt hat, schließt. Aus eigener Erfahrung kann ich dir sagen, dass dir das nichts bringen wird. Beide narzisstischen Ex-Partner haben sich inzwischen für das, was sie mir angetan haben, entschuldigt und mir bestätigt, dass ich eine gute Partnerin und Mutter bin. Soll ich dir verraten, was das mit mir gemacht hat? Nichts! Immer dachte ich, dass ich nur diese Sätze hören muss, damit ich loslassen und mich besser fühlen kann. Doch die Besserung trat nicht ein. Es prallte an

> Du hast dein Glück selbst in der Hand!

mir ab. Dadurch wurde mir bewusst, dass nur ich selbst mir dieses Gefühl geben kann und auch nur ich meine Wunden schließen kann. Was für eine wundervolle Erkenntnis! Du bist nicht länger auf die Erhöhung deines Ex-Partners angewiesen, also lass los und gib dir selbst, was du am meisten benötigst.

Lass den Narzissten spüren, dass du nicht sein emotionaler Mülleimer bist. Beide Ex-Partner von mir haben mich noch lange als Ratgeber ausgenutzt und ich habe mich benutzen lassen. So saß einer meiner Ex-Partner sechs Wochen nach unserer Trennung in meiner Küche und fragte mich gequält, was er machen solle, denn seine jetzige Partnerin wolle unbedingt ein Kind von ihm. „Katja, soll ich ihr ein Kind schenken oder nicht?", waren seine Worte.

Ich brach fast zusammen und fragte ihn, ob es keine andere Menschenseele auf dieser Welt gäbe, der er diese Frage stellen könne und warum er das ausgerechnet mit mir diskutieren müsse. Mein Ex-Partner merkte gar nicht, wie sehr sich immer alles nur um ihn und seine Probleme drehte und wie sehr er mich damit verletzte.

Damals hätte ich die Reißleine ziehen und besser für mich sorgen müssen. Deshalb rate ich dir noch mal, dich nicht als emotionalen Mülleimer missbrauchen zu lassen. Das wird dir aber ganz besonders schwerfallen, wenn deine kindliche Schutzstrategie – wie bei mir – das Helfersyndrom ist. Es schwingt ständig das Gefühl mit, dass man noch etwas für den Narzissten tun und ihn aus seinen Defiziten herausholen muss.

Gleichzeitig bist du wahrscheinlich der festen Überzeugung, dass nur du ihn retten kannst, da ihn keiner so gut kennt und so sehr liebt wie du. Aber das ist ein Trugschluss. Du kannst niemanden retten, der nicht gerettet werden will. Außerdem ist in diesem Handeln deine Bindungsenergie abermals größer als deine Trennungsbereitschaft. Die Liebesenergie, die du für ihn aufwendest, solltest du lieber dir selbst schenken.

Verbinden dich gemeinsame Kinder mit dem Ex-Partner, ist es wichtig, dass du ihm gegenüber ganz klare Regeln aufstellst und konsequent dafür sorgst, dass diese eingehalten werden.

Hält er sich nicht daran, dann sollte er die Konsequenzen seines Handelns direkt zu spüren bekommen. Hierbei geht es nicht um Rache, sondern darum, dass er sich – auch und vor allem zum Kindeswohl – an Verabredungen hält. Wie oft kam der Vater meiner Kinder zu spät oder gar nicht. Damit hinterlässt er bei den Kindern das Gefühl, dass sie ihm nicht wichtig sind und er keine Lust hat, seine Zeit mit ihnen zu verbringen. Mit dieser großen Kindheitsverletzung müssen sie sich dann in ihrem späteren Leben und ihren Beziehungen immer wieder auseinandersetzen.

> Sei dem Narzissten gegenüber konsequent, setze Grenzen und lass dich nicht auf seine Manipulationen ein.

Also versuche deinem Narzissten deinen eigenen Wert zu zeigen. Lass dich nicht einschüchtern, abwerten und bevormunden. Ebenso darf der Narzisst sich dir gegenüber nicht länger gewalttätig verhalten. Setze Grenzen und positioniere dich klar, wenn dein Ex-Partner versucht, dir Schuldgefühle einzureden.

Es kann passieren, dass der Narzisst dir vor den Kindern die ganze Schuld am Zerbrechen der Ehe gibt, um selbst mit reiner Weste dazustehen. Das kann dazu führen, dass die Kinder sich mit dem Narzissten solidarisieren, ihn als armes Opfer wahrnehmen und dir gegenüber Ablehnung empfinden.

Schenke niemandem mehr dein Herz,
der es schon unzählige Male gebrochen hat.

Was der Narzisst nach der Trennung versucht

Ein Narzisst öffnet sich in einer Beziehung und lässt seinen Partner in sein System schauen. Seine größte Sorge nach einer Trennung ist es folglich, dass seine Machenschaften bekannt werden könnten. Deshalb versucht der Narzisst, sich so gut wie möglich im Außen zu präsentieren.

Gleichzeitig macht er dich bei gemeinsamen Bekannten, Familienmitgliedern, Freunden und sogar öffentlichen Institutionen schlecht. Er stellt dich als psychisch gestörte Person hin, die nicht in der Lage ist, für sich oder die Kinder zu sorgen. Er behauptet, dass du selbstmordgefährdet bist und man dir die Kinder entziehen muss. Er schreibt den Lehrern deiner Kinder lange Briefe, in denen steht, dass du ihn nicht über Schulbelange informierst.

Kommt ein neuer Partner in dein Leben, kann es passieren, dass der Narzisst behauptet, dieser würde sich an den Kindern vergreifen und sie misshandeln. Ein Narzisst ist niemals fertig mit Rache, Neid und Missgunst. Das Glück der anderen hält er nicht aus, da er für sich selbst kein Glück empfinden kann.

Einem Narzissten geht es gut, wenn es anderen schlecht geht. Deshalb wird er alles tun, um dich zu diskreditieren. Dabei ist es ihm egal, wie viele Lügen er dafür benötigt. Für ihn zählt einzig und allein die Tatsache, dass alle sehen, wie unschuldig er an dieser Situation ist. Für dich ist das keine leichte Sache. Entweder du hältst seine Taten stoisch aus oder du zeigst ihn wegen Rufmord oder Verleumdung an. Andere Möglichkeiten gibt es kaum.

Vertraue – wie ich damals auch – darauf, dass die Menschen aus deinem Umfeld dich kennen und sie sich ihr eigenes Bild von dir gemacht haben. Die Lehrerin meiner Tochter sagte mir damals: „Ich nehme nichts von dem Brief Ihres Ex-Mannes an. Ich sehe, wie liebevoll Sie mit Ihren beiden Kindern auf dem Schulhof umgehen und ich weiß, dass Sie eine sehr innige Beziehung zu ihnen haben." Wer lieber dem Narzissten Glauben schenken möchte, hat in deinem Leben sowieso nichts verloren.

> Wer sich auf die Seite des Narzissten stellt, hat in deinem Leben nichts verloren.

Natürlich kann sich der Narzisst nach der Trennung auch ganz anders verhalten. Er gaukelt dir vielleicht den perfekten Vater oder die liebende Mutter vor und kümmert sich plötzlich aufopferungsvoll um die Kinder, verwöhnt dich, beschenkt dich und verspricht dir ewige Liebe. Er quält sich, wenn du ihn abweist. Er kontaktiert dich ständig, sitzt Tag und Nacht vor deiner Tür, schickt dir Rosen und Liebesbriefe und versucht dich davon zu überzeugen, dass ihr füreinander geschaffen seid. Er sieht alle seine Fehler ein, gelobt Besserung und tut alles, wozu er bisher nicht bereit war.

Hinter diesem Verhalten steckt natürlich auch eine Taktik: das „Hoovering", das du bereits im Kapitel „Wie der Narzisst dich manipuliert" kennengelernt hast. Gerade wenn er bemerkt, dass du ihn nun wirklich losgelassen hast und über ihn hinweg bist, taucht er plötzlich aus dem Nichts auf. Er spürt, wie gut es dir geht, und damit macht sich die Angst in ihm breit, dass er dich für immer verloren haben könnte. Es bedarf eines riesigen inneren Kraftaktes, um nicht auf diese Rückholmethoden hereinzufallen und weiterhin stark zu bleiben.

Ursächlich für dieses Verhalten des Narzissten ist, dass er sich die Niederlage, die er durch den Verlust deiner Person erlitten hat, nicht eingestehen möchte. Oder er möchte nicht auf die Vorteile verzichten, die er durch die Beziehung zu dir womöglich genießt: Ansehen, einflussreiche Kontakte, narzisstische Zufuhr etc. In beiden Fällen basiert sein Verhalten nicht auf plötzlich erkannter Liebe, sondern nur auf Ausbeutung und Ausnutzung des ehemaligen Partners. Sein Ziel ist es, dich zurückzugewinnen, nur um dann genauso weiterzumachen wie zuvor. Daher kann ich dich nur warnen und dir raten, nicht auf diesen Trick hereinzufallen.

Schafft es der Narzisst trotz seiner engagierten Versuche nicht, dich zurückzuerobern, kann er in eine narzisstische Wut verfallen. Sie zeigt sich immer, wenn er einen Rückschlag in seiner Grandiosität erlebt. Während seiner cholerischen Wutanfälle schreit er aggressiv und laut, wirft mit Gegenständen und zerstört sie bewusst. Er droht dem anderen, beleidigt ihn, wird sarkastisch und kann auch gewalttätig werden.

> Wenn nichts mehr hilft, bekommt der Narzisst einen Wutanfall.

Ebenso kann es zu einem abrupten Kontaktabbruch kommen. Er taucht dann unter und meldet sich tagelang nicht. Um nicht länger an diese Demütigung erinnert zu werden, kann es passieren, dass der Narzisst sich nie mehr beim Ex-Partner sehen lässt und kein Wort mehr mit ihm redet. Eigentlich der gewünschte Zustand nach einer Trennung.

Meistens bekommen Opfer von Narzissten dann aber Schuldgefühle und möchten sein Leid beenden – und so setzt sich das Zickzackspiel aus Nähe und Distanz weiter fort.

Mit den folgenden Fragen findest du heraus, ob die Beziehung dir (und deinen Kindern) wirklich guttut:

1. Lebe ich gerade wirklich meinen Traum von Beziehung mit dem Narzissten?
2. Was lebe ich meinen Kindern mit dieser Beziehung vor?
3. Was möchte ich meinen Kindern stattdessen mitgeben und vorleben?
4. Warum kann diese Beziehung auf Dauer nicht gut gehen?
5. Wie sollte meiner Meinung nach eine glückliche Beziehung aussehen?

Du darfst dein Glück von niemand anderem abhängig machen als von dir selbst.

Wie du die emotionale Ablösung schaffst

Emotionale Abhängigkeit zu lösen, ist wohl der schwierigste Teil der Trennung und auch der Grund dafür, dass so viele Menschen es nicht schaffen und zu ihrem Partner zurückkehren. Der Psychotherapeut Heinz-Peter Röhr erklärt, dass Menschen mit einer abhängigen Persönlichkeitsstruktur aus ganz unterschiedlichen Gründen kaum dazu in der Lage sind.

Dadurch, dass du dich innerhalb der Partnerschaft in den letzten Jahren immer mehr auf deinen Partner konzentriert und deine eigenen Bedürfnisse missachtet hast, bist du vollständig abhängig von ihm geworden. Du siehst dich vermutlich außerstande, ohne ihn leben zu können. Gefühle der Leere, der Hilflosigkeit und auch Verlustangst machen sich in dir breit. Vielleicht kommen sogar Gefühle von Angst und Panik in dir hoch, wenn du dir vorstellst, ohne ihn leben zu müssen.

> Je mehr man sich für den Narzissten aufgegeben hat, desto schwerer ist die emotionale Ablösung.

Hab Geduld mit dir. Eine Trennung ist ein Prozess, und der dauert. Behalte dabei im Hinterkopf, was ich dir im Kapitel „Wie Traumabänder dich gefangen halten" über die Entstehung des innerlichen Suchtgefühls erzählt habe und dass es bis zu einem Jahr dauern kann, bis die chemischen Prozesse in deinem Körper wieder normal ablaufen.

Lange erschien dir die Zeit ohne Partner als sinnlos. Du hast nur für ihn gelebt. Natürlich fällst du dann nach der Trennung erst einmal in ein tiefes Loch. Hier gilt es, nicht hocken zu bleiben, sondern Stück für Stück wieder daraus hervorzukriechen. Deshalb fange an, dich auf dich selbst zu konzentrieren.

Werde achtsam für deine eigenen Bedürfnisse. Bringe Lebensfreude in deinen Alltag. Lerne dich selbst richtig kennen und lieben und definiere deinen Wert neu. Dieses Buch wird dich in den nächsten Kapiteln dabei unterstützen. Bist du bei dir angekommen, dann wirst du niemals mehr abhängig von irgendjemandem sein. Dann bist du frei, glücklich und ruhst in dir. Was für ein schöner Gedanke und welches erstrebenswerte Ziel, selbstbestimmter zu leben.

Ganz besonders wichtig ist, dass du Körper und Geist in dieser Zeit viel Gutes tust und sie mit neuen und schönen Informationen fütterst. Das Verharren in der Vergangenheit und das ständige An-ihn-Denken schaden dir nur. Mache dir deshalb eine Notfallliste, die du immer hervorkramen kannst, wenn es dir nicht gut geht.

Dazu musst du allerdings erst einmal wissen, was du überhaupt magst, was deine Akkus wieder auflädt und welche Dinge Glücksgefühle in dir erzeugen. Sicherlich sprudeln dir jetzt nicht gleich viele

Finde heraus, was dir guttut und was dich glücklich macht.

Ideen aus dir heraus – dazu hast du dich viel zu lange mit den Bedürfnissen deines Ex-Partners beschäftigt.

So findest du heraus, wie du dir Gutes tun und wieder zu Kräften kommen kannst:

1. Welche Dinge laden meine Akkus auf? Woher kann ich mir Kraft holen?
2. Was könnte mir guttun, wenn ich traurig bin? Was brauche ich dann?
3. Wie könnte ich mich ablenken, wenn ich immer wieder an ihn denken muss?
4. Wen könnte ich um Hilfe und Unterstützung bitten?
5. Wie kann ich wieder mehr Gutes in mein Leben ziehen?

SCHRITT 2:
WIE DU DEINEN EIGENEN ANTEIL ERKENNST

Viele Betroffene wollen nicht wahrhaben, dass es auch etwas mit ihnen zu tun hat, wenn sie sich immer wieder in Narzissten verlieben. Sie glauben, dass sie einfach nur ein schlechtes Händchen bei der Partnerwahl haben, oder dass eben alle Menschen schlecht sind.

Als ich mich wieder und wieder in narzisstische Männer verliebte, sagte eine Freundin zu mir, dass etwas mit meinem Beuteschema nicht stimme und ich mir das einmal genauer anschauen solle. Mich schockierte dieser Satz zutiefst. Wieso denn ich? Man hatte doch mir Unrecht angetan. Die Männer waren doch gemein zu mir gewesen.

Heute weiß ich, dass es immer einen gibt, der etwas macht, und einen anderen, der dies mit sich machen lässt. Natürlich habe ich auch einen Anteil an dem, was mir widerfahren ist. Wieso waren narzisstische Personen für mich so attraktiv und warum wehrte ich mich nicht, wenn sie mich schlecht behandelten?

Wahrscheinlich hast du dir auch schon sehr oft die Frage gestellt,

> Es gibt immer einen, der es macht, und einen, der es mit sich machen lässt.

warum du manche Dinge immer wieder mit dir machen lässt. Dahinter steckt in der Regel ein tieferer Grund. Um diesen zu erkennen, musst du gnadenlos ehrlich zu dir sein. Hast du ihn aber gefunden und verstanden, bist du in der Lage, diese alten Strukturen zu lösen und dir selbst ein neues Selbstwertgefühl zu geben.

Ich beschäftigte mich im Rahmen einer Therapie intensiv mit meinem Beuteschema. Mit der Zeit lernte ich, dass ich ein falsches Verständnis von Liebe hatte, nämlich, dass ich mir Liebe verdienen musste. Ich verstand, dass ich Männer anziehend fand, die so waren wie mein Vater: abwesend, uninteressiert und wenig einfühlsam.

Lange fragte ich mich, warum ich immer wieder an Männer geriet, die mich pausenlos betrogen, wo Treue mir doch selbst total wichtig ist. Irgendwann begriff ich, dass ich mich selbst betrog mit diesen destruktiven Beziehungen, für die ich mich völlig verbog und unterordnete. Ich war schon lange nicht mehr die fröhliche, extrovertierte und selbstbewusste Katja von früher.

Langsam erkannte ich meinen eigenen Anteil an diesen toxischen Beziehungen. Ich lernte, dass ich da nur herauskommen würde, wenn ich an meinem eigenen Bild, meinem Selbstwert, meiner Ehrlichkeit zu mir und an meinem Verständnis von Liebe arbeiten würde.

Das wurde dann zu meiner neuen Lebensaufgabe: Ich erlaubte mir mehr Ruhepausen und nicht ständig irgendetwas leisten zu müssen. Ich genoss immer mehr den Augenblick und das Leben in seiner gegenwärtigen Pracht. Ich bekam einen Zugang zu meinen eigenen Bedürfnissen und setzte mich zunehmend für sie ein. Eigenschaften, Menschen und Dinge, die mir nicht guttaten, entließ ich aus meinem Leben. Ich lernte, Grenzen zu setzen und Nein zu sagen. Dadurch erkannte ich immer mehr meinen eigenen Wert. Ich ließ mich von meinem Ex-Mann nicht länger beleidigen und demütigen, sondern ließ ihn einfach stehen oder legte den Telefonhörer auf, wenn er wieder mal gemein zu mir war.

Selbstliebe ist der beste Schutz vor Narzissten.

Ich wurde meine eigene beste Freundin, stand zu mir und sorgte für mich. Je mehr ich bei mir ankam und mich mochte, desto leichter und glücklicher wurde mein Leben. Lernte ich neue Männer kennen, erkannte ich bereits nach kurzer Zeit, wer narzisstische Züge zeigte und wer nicht.

Zwei Jahre später war es dann so weit: Er stand vor mir mit seinen strahlend grünen Augen, ein breites Lächeln im Gesicht und gut gelaunt. Der Mann, der mich bis heute liebt, so wie ich bin. Ich muss nichts leisten. Ich bin richtig. Er ist gerne mit mir zusammen, kümmert sich liebevoll um meine Kinder, verbringt am liebsten Zeit mit uns und fördert und unterstützt mich. Wir tragen uns gegenseitig, und unsere Beziehung basiert auf tiefem Vertrauen und Respekt.

Er hat nicht meine Wunden geheilt, das habe ich selbst gemacht. Aber er hat dafür gesorgt, dass diese Wunden nie mehr aufgerissen wurden. Täglich bestätigt er mich neu darin, nicht mehr an mir zweifeln zu müssen, sondern noch viel stärker an mich zu glauben. Ich bin sehr froh, dass ich meinen Kindern mit ihm nun schon seit neun Jahren ein glückliches Familienleben vorleben und ihnen das Gefühl dafür vermitteln kann, wie ein liebevoller, interessierter und anwesender Vater sich anfühlt.

Rückblickend weiß ich aber auch ganz sicher: Hätte ich meine Wunden zuvor nicht selbst geheilt, wäre mein jetziger Traummann für mich völlig unattraktiv gewesen. Denn freiwillig geschenkte Liebe wirkte damals auf mich schleimig und aufgesetzt. Sie fühlte sich irgendwie nicht richtig an, und so ließ ich sie nicht zu.

> Man kann die eigenen Wunden nur selbst heilen.

Du siehst, wenn du dich um dich selbst kümmerst, bei dir ankommst und deine inneren Wunden heilst, hast du die Chance, einen liebevollen Partner auf Augenhöhe zu finden. Ansonsten treffen zwei verletzte Seelen aufeinander, die versuchen, ihren eigenen Schmerz vom anderen heilen zu lassen, und das Spiel von gegenseitiger Erhöhung und Erniedrigung nimmt seinen Lauf. In den nächsten Kapiteln werden wir uns deshalb ganz ausführlich und ausschließlich mit dir beschäftigen.

Wenn du deinen eigenen Wert kennst,
dann kann dich niemand mehr verletzen.

Wie du falsche Denkweisen verändern kannst

Mal ehrlich: Wie denkst du über dich? Welches Bild hast du von dir? Wie findest du dich? Wie findest du dein jetziges Leben? Nimm dir ruhig ein paar Minuten Zeit und suche nach Antworten in dir ... Findest du welche? Sind sie wohlwollend und positiv dir gegenüber?

Der größte Kritiker in unserem Leben sind wir in den meisten Fällen selbst. Wir schimpfen mit uns über Fehler und unerledigte Dinge. Wir werten unser Äußeres, unser Handeln und unsere Ergebnisse ab. Den ganzen Tag haben wir etwas an uns auszusetzen – unser innerer Kritiker leistet da ganze Arbeit.

Um selbstbewusster zu werden, stelle deinen inneren Kritiker leise.

Ohne es zu bemerken, schwächen wir uns dadurch permanent. Diese negativen Gedanken erzeugen ein negatives Gefühl in uns, was uns wiederum unangemessen handeln lässt. Doch all unsere Handlungen und Taten werden irgendwann zu unserem Leben. Auf dieses werden wir eines Tages zurückschauen – und sind dann traurig darüber, dass wir nicht positiver gedacht, besser auf uns geachtet und für uns gesorgt haben. Eventuell fragen wir uns, ob unser Leben glücklicher hätte verlaufen können, wenn wir liebevoller mit uns selbst gewesen wären.

Vergiss niemals: Du bist der Schöpfer deines Lebens! Du bist nicht die Marionette deines narzisstischen Partners. Du tust weder ihm noch dir einen Gefallen, wenn du dich aufopferst und die toxische Beziehung weiter aushältst. Du hast die Macht, hier und heute alles zu verändern. Du bestimmst, wen du in dein Leben lässt. Du vertrittst

Vergiss niemals: Du bist der Schöpfer deines Lebens!

dein Selbstwertgefühl vor anderen. Du kreierst dein Leben jeden Tag neu. Ich sage nicht, dass es leicht ist, ein glückliches Leben zu erschaffen. Manchmal ist es ein steiniger, schmerzvoller Weg, aber er lohnt sich in jedem Fall.

„Aber wie, Katja?", höre ich dich fragen. „Indem du ganz genau hinschaust, wer du bist, warum du so geworden bist und was von dem, was man dir über dich erzählt, überhaupt wahr ist", antworte ich dann. Hinterfrage gnadenlos alles: die Aussagen deiner Eltern, deiner Geschwister, deiner Freunde und vor allem die deiner Partner und Ex-Partner.

Alles, was sie jemals über dich gesagt haben, hast du ungefiltert übernommen und verinnerlicht. Ihre Aussagen sind mit der Zeit zu deiner Wahrheit geworden. Deshalb solltest du sie jetzt einmal auf ihre Richtigkeit prüfen und falsche Aussagen aus deinem System werfen.

Spüre bitte einmal in folgende Aussagen hinein:
1. Ich bin nicht wichtig.
2. Ich bin nicht gut genug.
3. Ich reiche nicht.
4. Ich bin nicht liebenswert.
5. Ich habe keine Liebe verdient.
6. Ich habe einfach kein Glück.

Hinterlassen sie einen Kloß im Hals oder treiben dir die Tränen in die Augen? Wenn ja, dann hast du diese Sätze wahrscheinlich so oft gehört, dass sie ein mächtiger Teil von dir geworden sind.

Jeder, der schon einmal ein Neugeborenes im Arm gehalten hat, spricht von einem großen, wunderbaren Wunder. Ein kleiner Säugling, der nichts weiter kann als zu schreien, zu trinken und die Windeln vollzumachen, ist für uns Menschen unfassbar wertvoll.

Auch du wurdest bei deiner Geburt als Wunder gefeiert. Und jetzt frage ich dich: Was genau soll mit diesem Wert im Laufe deines Lebens passiert sein? An welcher Stelle solltest du ihn verloren haben?

Diesen hohen Selbstwert, den wir mit unserer Geburt bekommen, den behalten wir ein Leben lang! Auch du bist mit unfassbar hohem Selbstwert auf diese wunderschöne Erde gekommen, und daran ändert sich absolut nichts durch dein Sein. Lediglich dein Selbstwertgefühl wird geprägt von Erwartungen, Ablehnungen, Forderungen und Verurteilungen der anderen. Dein eigener Selbstwert ist immer noch so wundervoll wie bei deinem ersten Atemzug. Mache dir das bitte bewusst, denn dann begreifst du, dass lediglich deine Beziehung zu deinem Selbstwert nicht stimmt.

> Du bist einzigartig und wertvoll – dir wurde lediglich im Laufe deines Lebens das Gegenteil vermittelt.

Wer von seinem eigenen Selbstwert nicht überzeugt ist, den kann niemand vom Gegenteil überzeugen, denn das Selbstwertgefühl entsteht in unserem Inneren. Es nützt deshalb auch nichts, wenn du versuchst, die Bestätigung immer wieder vom Außen zu holen. Wenn du sie innerlich nicht spürst, kann sie nicht glaubhaft in dich eindringen. Dazu benötigst du deine innere Überzeugung.

Auf dieser Welt gibt es niemanden, der genauso ist wie du. Du bist einzigartig. Keiner lacht wie du, keiner strahlt wie du, keiner fühlt wie du, keiner liebt wie du. Keiner denkt, handelt und lebt wie du. Du bist etwas ganz Besonderes! Mach dir das täglich neu bewusst.

Arbeitest du ständig an deiner inneren Größe, wird dich das stärker und mutiger machen. Dies wird dem Narzissten natürlich nicht gefallen. Er wird versuchen, seine Manipulationstaktiken anzuwenden, aber diese werden nicht mehr greifen, weil du gelernt hast, dich zu wehren.

Wichtig ist, dass du bei diesem Schritt deinen Fokus wirklich nur auf dich setzt. Höre auf, ihm zu vertrauen, glaube nicht mehr, was er dir sagt, und geh deinen eigenen Weg. Jetzt ist es an der Zeit, neue

Kontakte zu knüpfen. Suche dir Gleichgesinnte und finde neue Freunde. Hole dir Kraft und Unterstützung von liebevollen Menschen. Vielleicht beginnst du wieder mit einem Hobby, das du wegen deines narzisstischen Partners schon lange vernachlässigt hast. Oder du investierst deine Zeit in etwas, das du schon immer machen wolltest: Geh

> Mache dir ein ganz neues Bild von dir selbst!

ins Sportstudio, zum Tanzen oder Karaoke singen. Mach eine kleine Reise oder besuche eine Freundin, die weiter entfernt wohnt.

Versuche dir zu zeigen, dass du vieles auch ohne den Narzissten schaffst. Beweise dir, dass du zu viel mehr in der Lage bist, als er es dir immer erzählt hat. Sicher wird das am Anfang sehr ungewohnt sein, aber Mut bekommt man nur über das Tun. Selbstvertrauen entwickeln wir darüber, dass wir uns selbst beweisen, wozu wir alles fähig sind. Überzeuge dich deshalb von deinen eigenen Fähigkeiten. Fange an, dir ein eigenständiges Leben aufzubauen, und arbeite dich so Stück für Stück aus deiner Abhängigkeit heraus.

Gehe einmal in dich und finde heraus, was du über dich selbst denkst:

1. Was hat mein narzisstischer Partner immer über mich gesagt?
2. Was haben meine Eltern oft zu mir und über mich gesagt?
3. Wie nehme ich mich selbst gerade als Person wahr?
4. Wie würde ich gerne in einem Jahr sein?
5. Auf einer Skala von eins bis zehn: Wie hoch empfinde ich meinen eigenen Wert?

Alles, was du bist,
ist das Ergebnis deiner Gedanken.

Warum du alte Glaubenssätze loslassen solltest

Schon Buddha sagte: „Wir sind, was wir denken." Im Laufe der Zeit entstehen durch unsere Gedanken Überzeugungen in uns, die unser Leben massiv beeinflussen. Manchmal sind uns diese bewusst, doch meistens tragen wir sie im Unterbewusstsein mit uns herum.

Der Diplompsychologe Johannes Moskaliuk beschreibt Glaubenssätze als Grundannahmen darüber, wie die Welt, die eigene Person, das eigene Verhalten und das Leben sind. Diese Annahmen glaubt man und richtet sein Leben danach aus. Sie beeinflussen maßgeblich unser Denken, Reden und Handeln. Ent-

> Unsere Gedanken und Überzeugungen bestimmen unser Handeln.

standen sind sie durch Konditionierungen in unserer Kindheit und durch Lebensweisen, die wir bei anderen beobachtet haben. Diese empfanden wir als richtig und haben sie übernommen.

Deshalb ist es so wichtig, dass jeder seine Glaubenssätze kennt, denn sie haben große Macht über uns. Manchmal wissen wir genau, was wir wollen, können es aber nicht umsetzen, weil eine unbewusste Hemmung in uns ist. Glaubenssätze sind unvorstellbar kraftvoll und blockieren uns im schlimmsten Fall sehr in unserem Handeln. Erst wenn sie uns bewusst geworden sind und wir sie verstanden und gelöst haben, sind wir frei und können unser Leben nach den für uns richtigen Werten ausrichten.

Lass uns jetzt deshalb einen kleinen Ausflug in deine Kindheit machen. Es ist wichtig, dass du siehst, was dir damals widerfahren ist und dich geprägt hat. Nur ein bewusster Blick auf die Konditionie-rungen, Muster, aber auch auf deine inneren Wunden lässt dich verstehen, warum du so geworden bist, wie du jetzt bist, warum du Narzissten anziehend findest und vor allem, wieso du aus diesem negativen Kreislauf einfach nicht aussteigen kannst. Hast du das einmal verstanden, bist du in der Lage, deine eigenen Wunden zu schließen, deine Glaubenssätze zu über-

> Du musst deine inneren Muster verstehen, um dich von ihnen zu befreien.

arbeiten, sie neu zu programmieren und dein Leben selbst in die Hand zu nehmen.

Wer immer wieder auf Narzissten hereinfällt, hat es wahrscheinlich bereits in der Kindheit mit Narzissten zu tun gehabt. Ein oder beide Elternteile haben mit Abwesenheit geglänzt, haben dich abgewertet, als Objekt gesehen und dich für ihren eigenen Profit oder ihre eigene narzisstische Zufuhr missbraucht. Vielleicht hattest du einen Vater, dem sein Job, sein Hobby oder seine Freunde immer wichtiger waren als du? Vielleicht musstest du als Kind schon richtig um seine Aufmerksamkeit kämpfen?

Die Schlussfolgerung, die du daraus für dich gezogen hast, war: „Ich bin nicht wichtig. Alle anderen sind für Papa wichtiger. Er sieht mich nicht. Er interessiert sich nicht für mich und er ist nicht für mich da." Deshalb sprachen wir uns selbst oftmals auch keine Wichtigkeit zu. Dieses fehlende Selbstwertgefühl hat zur Folge, dass du deinen eigenen Wert vom Außen bestätigt bekommen musst. Gleichzeitig faszinieren dich Personen, die von ihrem Selbstwert extrem überzeugt sind.

Hier kommt der Narzisst ins Spiel. In der Lovebombing-Phase stillt er dein extremes Bedürfnis nach Wertschätzung und zieht dich mit seinem sicheren Auftreten in seinen Bann. Alles, was du gerne hättest, verkörpert er. Was du dringend benötigst, gibt er dir. Für den Narzissten bist du ein gefundenes Fressen, weil du zu ihm aufblickst und ihn für seine innere Stärke und Überzeugung verherrlichst.

Du bekommst das Gefühl, wertvoll zu sein, denn du musst doch etwas ganz Besonderes sein, wenn so ein wundervoller Mensch sich in dich verliebt. Dein eigener Wert würde wieder sinken, wenn dieser grandiose Mensch dich verlassen würde. Deshalb setzt du alles daran, dass du ihm gefällst und er unbedingt bei dir bleibt. Dabei merkst du gar nicht, wie sehr du dich selbst dafür aufgibst.

Vielleicht hattest du aber auch eine Mutter, die immer das Opfer war. Krankheiten, diverse Leiden, eventuell Abhängigkeit von Tabletten, Alkohol und Drogen haben dir immer wieder suggeriert: „Da braucht jemand Hilfe, du musst dich unterordnen und darfst in keinem Fall noch mehr Probleme machen."

Auch hier lernst du deine eigenen Bedürfnisse nicht kennen und fühlst dich nur geliebt, wenn du der Familie hilfst und sie unterstützt. Menschen, die solche Erfahrungen gemacht haben, entwickeln oft ein Helfersyndrom, denn sie lernen: „Wenn ich für andere da bin, dann bekomme ich Aufmerksamkeit, Lob und Liebe."

Gerätst du nun an einen Narzissten, der es liebt, umsorgt zu werden, dann spürst du sehr schnell seine innere Bedürftigkeit. Von da an hast du den dringenden Wunsch, dem Narzissten zu helfen, ihn zu therapieren und ihn zu retten. Dies ist gleichzeitig jedoch dein Untergang, denn ein Narzisst verabscheut es, therapiert und auf seine Fehler aufmerksam gemacht zu werden. Er beginnt damit, dich zunehmend abzulehnen, und wird sich schnell einen neuen Partner suchen, der ihm wieder positive narzisstische Zufuhr gibt.

Die narzisstische Mutter, die Drama-Queen, die ständig Probleme vortäuscht, um Zuwendung und Aufmerksamkeit zu erhalten, macht einem das Leben schwer. Im dauernden Vergleich und Wettkampf mit ihr verliert man und bekommt das Gefühl, einfach nie richtig und gut genug zu sein.

Ungesunde Ernährungsgewohnheiten sind häufig ein Schrei nach Liebe.

Meistens hat sie etwas an deinem Aussehen auszusetzen – die Figur stimmt nie. Vielleicht hast du deswegen auch schon eine Essstörung entwickelt. Dein Gewicht – egal, ob zu viel oder zu wenig – wird zum Problemthema der ganzen Familie. Du wirst von deiner Mutter dafür verantwortlich gemacht, dass sie unter deinem Gewichtsproblem leiden muss. Sie sieht dabei nicht, dass das nur dein Schrei nach ihrer Liebe ist, danach, von ihr endlich als richtig und gut angenommen zu werden. Sie sieht nicht deinen unbändigen Wunsch, endlich ihre Tochter sein zu dürfen, nicht länger ihre Konkurrentin sein zu müssen.

Gerade wenn es in der Familie ein Goldkind gibt und du das nicht bist, grämst du dich wahrscheinlich jeden Tag wegen deiner Unzulänglichkeiten. Ich kenne einige Klientinnen, die sich selbst mit Essen bestrafen. Obwohl sie wissen, dass es ihnen schadet, essen sie zu viel von den Dingen, die sie nicht vertragen, weil sie glauben, dass sie Strafe verdient haben.

Auch diese Menschen sind anfällig für Narzissten, denn ihr Verständnis von Liebe ist: „Ich bin nicht richtig und nicht genug, deshalb bin ich weniger wert und habe Strafe verdient." Das sind Verhaltensmuster, die der Narzisst nur zu gut bedienen kann, und du verwechselst das dann mit Liebe.

Du siehst, haben wir in der Kindheit nicht genug Liebe, Aufmerksamkeit und Annahme bekommen, ist das eine gute Basis dafür, uns auf Narzissten einzulassen. Transformierst du diese inneren Überzeugungen und deine Glaubenssätze, dann werden Narzissten nicht länger attraktiv für dich sein.

Diese Fragen helfen dir dabei herauszufinden, was dich wie geprägt hat:

1. Wie habe ich meinen Vater/meine Mutter früher wahrgenommen?
2. Was war meinem Vater/meiner Mutter wichtig?
3. Welche typischen Sätze hat er/sie immer gesagt?
4. Habe ich mich von ihm/ihr gesehen und wertgeschätzt gefühlt?
5. Wer war das Goldkind in meiner Familie?
6. Welche Rolle habe ich in der Familie übernommen?
7. Wie habe ich Aufmerksamkeit und Liebe bekommen?
8. Bei welchem Verhalten wurde ich bestraft?
9. Welche Schutzstrategien habe ich daraus gezogen?

10. Was sind meine typischen Verhaltensmuster?
11. Welche tiefen Überzeugungen und Glaubenssätze trage ich in mir?
12. Rückblickend würde ich sagen, dass ich in meiner Kindheit Folgendes gelernt habe:

Auch wenn es dir nie jemand gesagt hat:
Der wichtigste Mensch in deinem Leben bist du.

Wieso du deinen Fokus vom Außen ins Innere verlagern solltest

Der Mensch versucht jeden Tag, sich den Erwartungen anderer Leute anzupassen und diese zu erfüllen. Dafür setzt er sich unter Druck, spielt Freundlichkeit vor, zeigt immer Verständnis, übergeht seine eigenen Bedürfnisse und macht es lieber dem anderen recht als sich selbst.

Damit lernt das Gehirn, dass alle anderen auf dieser Welt wichtiger sind. Es verinnerlicht, dass der andere glücklich und zufrieden sein muss. Deshalb stellt es sein eigenes Glück lieber hintenan. Aber ist das richtig? Mit logischem Menschverstand würde man doch sagen, dass alle Menschen auf dieser Welt glücklich wären, wenn jeder für sein eigenes Glück sorgt. Aber warum handeln wir oftmals genau andersherum? Warum setzen wir das Glück der anderen über unser eigenes?

> Wir alle wären wesentlich glücklicher, wenn jeder für sich selbst sorgen würde.

Wir tun das alles nur für ein bisschen Liebe. Die tiefe Sehnsucht nach Liebe und Zugehörigkeit lässt uns unsere eigenen Bedürfnisse gar nicht wahrnehmen. Wir wollen regelrecht erspüren, was unser Gegenüber benötigt, und es ihm geben, um dann wiederum dafür belohnt zu werden.

Wir warten ab, ob wir für unser Handeln nun geliebt oder missachtet werden. Je nach Reaktion unseres Gegenübers ziehen wir unseren eigenen Wert daraus. Bekomme ich Respekt und Liebe, bin ich wertvoll. Werde ich jedoch abgelehnt, ausgeschimpft oder beschuldigt, bin ich wertlos.

Vielleicht erkennst du jetzt, wie sehr du die Macht über deinen eigenen Wert in die Hände anderer Mensch legst. Das darf nicht sein, denn du bist wertvoll, liebenswert und einzigartig. Du hast die ganze Liebe dieses Universums verdient. Du bist du. Du musst nicht so sein, wie andere dich haben wollen, damit sie ihren größten Nutzen aus dir ziehen können.

Das, was sie da tun, ist keine Liebe. Sie missbrauchen und benutzen dich, damit es ihnen gut geht. Wach auf und begreife endlich, dass niemand auf dieser Welt über deinen Wert und über dein Leben bestimmen darf außer dir selbst. Du solltest keinem die Erlaubnis geben, über dich zu urteilen. Du musst niemandem gefallen. Es wird höchste Zeit, dass du endlich siehst, wie besonders du bist. Trau dich, du selbst zu sein.

> Du musst niemandem auf dieser Welt gefallen außer dir selbst.

Setze dich für deine Wünsche und Träume ein. Werde dir über deine Talente und Fähigkeiten bewusst. Verdeutliche dir, was alles in dir steckt und was dich als Menschen ausmacht. Vielleicht denkst du gerade, dass es da nicht viel gibt – aber das stimmt nicht, das hat man dir immer nur suggeriert. Höre auf, es zu glauben. Beweise dir das Gegenteil. Überzeuge dich davon, wie wunderbar du bist.

Vielleicht vergleichst du dich häufig mit anderen Menschen und du wünschst dir, du wärst genauso mutig, selbstbewusst, stark, charismatisch, extrovertiert, lustig oder liebevoll wie sie. Soll ich dir etwas sagen? All das, was du in anderen siehst und bewunderst, steckt auch in dir! Sonst würdest du es gar nicht sehen. Wir können im anderen nur Dinge erkennen, die wir selbst in uns tragen.

Also sei dir gewiss, dass das, was dich an Julia Roberts fasziniert, was du an Michelle Obama bewunderst und an Pink magst, auch in dir steckt. Du musst es nur endlich leben. Zeige es! Zeige, was in dir steckt! Es wird höchste Zeit, dass du dein ganzes Potenzial lebst, dass du in allen schillernden Farben leuchtest und dich selbst von dir überzeugst. Du wirst merken, wie mutig und stark dich das macht.

Du wirst zu einer selbstbewussten Person, die nicht mehr von der Bewertung anderer Leute abhängig ist, weil du jetzt deinen eigenen Wert kennst und von dir selbst überzeugt bist.

Du hast es in der Hand. Du kannst zu der Person werden, die du schon immer sein wolltest. Alles, was du dafür brauchst, trägst du in dir. Du musst nur noch den Mut haben, nicht allen anderen Menschen da draußen mehr zu vertrauen als dir selbst. Komm endlich bei dir an, hol dir deine Macht zurück und bestimme ganz allein, wer und wie du sein willst. Du bist nur eine Entscheidung davon entfernt – deine Entscheidung.

> Du kannst zu der Person werden, die du schon immer sein wolltest.

An dieser Stelle darfst du dir gerne Zeit für die Selbstliebemeditation nehmen, die du unter www.katjademming.com/meditationen-buch findest. Wenn dir die Meditationen gefallen und du noch mehr davon machen möchtest, dann schau dir gerne mein komplettes „Release Program" an. Es beinhaltet unter anderem 24 wundervolle Meditationen passend zu diesem Buch: www.katjademming.com/release-program.

Was macht dich als Menschen aus?

1. Was schätzen andere Menschen an mir und was mag ich davon auch?
2. Was sind meine Fähigkeiten und Talente? Worin bin ich gut?
3. Welche Stärken besitze ich?
4. Worauf kann ich mich immer bei mir verlassen?
5. Welche Krisen habe ich schon gemeistert?
6. Was habe ich aus diesen Krisen gelernt?

7. Welche Ressourcen habe ich, um im Leben zu bestehen?
8. Welche meiner Charaktereigenschaften möchte ich mehr leben?
9. Was würde mir Kraft geben, diesen Weg der Veränderung zu gehen?
10. Was möchte ich nun Schritt für Schritt in meinem Leben anders machen?

Der sehnlichste Wunsch des Menschen ist es, sich selbst zum Ausdruck zu bringen. Nur leider traut er sich das oftmals nicht, aus Angst vor Ablehnung. Ist ihm aber erst einmal bewusst, was alles in ihm steckt, verstärkt sich der Wunsch nach Selbstverwirklichung immer mehr. Schritt für Schritt können nun die eigenen Fähigkeiten genutzt und das individuelle Potenzial ausgelebt werden.

Das wird sich zunächst ungewohnt anfühlen und vielleicht wehrt sich am Anfang der Verstand dagegen, denn das Ego hasst Veränderung. Deshalb verweilen auch so viele in destruktiven Beziehungen oder schlechten Jobs. Das Ego zieht einen immer wieder zurück in die Komfortzone. Aber das Leben beginnt hinter der Komfortzone, und so müssen wir uns manchen Herausforderungen einfach stellen. Veränderungen bringen häufig nicht nur in uns Neues zum Vorschein, sie wirken sich auch auf unser Umfeld aus. Manchmal reicht es aus, eine Kleinigkeit in uns zu verändern, und schon verändert sich alles innerhalb der Familie, der Arbeitsstelle oder der Beziehung. Unterschätze niemals die Macht der Veränderung!

> Wenn du etwas veränderst, verändert sich oftmals dein ganzes Umfeld.

Sicherlich werden nicht alle Menschen damit einverstanden sein, wenn du plötzlich nicht mehr so bist, wie du vorher warst. Du bist nicht mehr berechenbar für sie. Das verunsichert sie. Manche werden dich nicht mehr so gut ausnutzen und missbrauchen können wie vorher. Dann werden sie dir plötzlich Egoismus vorwerfen. Die Menschen, die es allerdings gut mit dir meinen, werden sich über deine Veränderung, deinen gesunden Egoismus und das Ausleben deines Potenzials freuen und dich vielleicht sogar dafür bewundern.

Alle anderen, denen deine Wandlung nicht gefällt, nutzen dich nur aus. Von diesen Menschen solltest du dich trennen. Das kann schmerzhaft sein, ist aber notwendig, denn sie werden dich immer wieder kleinkriegen und dafür sorgen, dass du ein geringes Selbstwertgefühl behältst. Sie wollen nicht, dass es dir gut geht, damit sie sich auf deine Kosten immer wieder selbst erhöhen können. Diese Menschen sind toxisch. Lass sie gehen.

Der letzte Freund an deiner Seite bist manchmal du selbst.

Wie du deine innere Leere füllen kannst

Nach einer Trennung fallen viele erst einmal in ein tiefes Loch. Die vertrauten Gewohnheiten sowie das Gefühl der Zugehörigkeit, der Nähe, des Austauschs und der Liebe fehlen schmerzlich. Zunächst weiß man gar nichts mit sich anzufangen. Insbesondere wenn sich immer alles um den Partner gedreht hat, muss nun ein ganz neues Leben aufgebaut werden. Damit fühlen sich viele überfordert.

Hinzu kommt das ständige Suchtgefühl nach Dopamin und Adrenalin, was die Ablösung noch erschwert und viele nach kurzer Zeit zum Partner zurückgehen lässt. Das Bewusstsein hierüber macht es dir schon einfacher, denn du weißt, dass du es einige Zeit aushalten musst, wenn du wirklich vom Narzissten loskommen willst.

Wichtig ist, dass du den Schmerz jetzt nicht verdrängst. Er passt zur Situation und er darf sein. Mit jeder geweinten Träne wird der Schmerz weniger. Bitte kritisiere dich nicht dafür, dass du trauerst und leidest. Das ist in dieser Situation nicht nur normal, sondern auch extrem wichtig. Nur durchlebten Schmerz können wir nämlich irgendwann loslassen. Unverarbeiteter Schmerz verankert sich in unserem

Körper und wird immer wieder hochkommen, wenn dich irgendwelche Situationen triggern und an den alten Schmerz erinnern. Deshalb lass es raus, auch wenn es dich zutiefst erschüttert, du das Gefühl hast, innerlich zu zerreißen. Glaube mir, du wirst es überleben.

Oftmals tut es so unsagbar weh, weil alte, unverheilte Wunden mit hochkommen und den Schmerz vergrößern – zum Beispiel die alte, schmerzhafte Wunde, nicht geliebt zu werden. Lass es zu und schenke dir Selbstmitgefühl. Tröste dich, wie du deine Freundin oder dein Kind trösten würdest. Sei für dich da und fühle mit dir mit.

> Um deine emotionalen Wunden zu heilen, schenke dir Selbstmitgefühl.

Meiner Erfahrung nach dauert diese schmerzvolle Phase bis zu einer Woche. Danach kommt der emotionale Kater: Du fühlst dich körperlich am Ende, so, als ob du die ganze Nacht gefeiert und getrunken hättest – absolut kraftlos, müde und fertig. Dieser Zustand kann einige Tage andauern. Wichtig ist, dass du nicht dagegen ankämpfst, sondern es durchlebst. So verschleppst du diese Gefühle nicht weiter.

Läuft alles wieder einigermaßen normal, dann kommt sie mit voller Wucht: die Einsamkeit und Leere in dir. Wie kann man am besten damit umgehen? Hier muss letztendlich jeder seinen eigenen Weg finden. Mir persönlich hat es sehr geholfen, mir immer neue Informationen darüber zu besorgen, wie zerstörerisch und gemein Narzissten sind und dass sie ihr Verhalten niemals ändern können. Das hat mich wieder und wieder darin bestärkt, in keinem Fall zurückzugehen.

Ich habe mir viele Bücher gekauft, aus denen ich gelernt habe, wie ich besser für mich sorgen kann, wie ich mein Selbstbewusstsein und meine Selbstliebe aufbauen kann und wie ich mehr innere Stärke erlange. Parallel dazu habe ich mir einen Coach gesucht, mit dem ich alle Fragen klären konnte und der mir dabei geholfen hat, eine Verbindung zu meinem Unterbewusstsein aufzubauen. So konnte ich all meine Wunden, Unklarheiten und Blockaden erkennen und Stück für Stück beseitigen.

Ich bin mir sicher, dass ich ohne meine psychologische Beraterin nicht so schnell und so effektiv aus der Situation herausgekommen wäre. Und dennoch hat es ein Jahr gedauert, bis ich wieder richtig souverän stehen konnte. Also hab Geduld mit dir. Es ist ein Prozess. In diesem Prozess solltest du dich selbst kennen- und lieben lernen. Dann ist dein Weg geebnet für ein freies und glückliches Leben. Es ist wichtig, dass du den Fokus nun einzig und allein auf dich setzt. Ich weiß, wie ungewohnt und schwer das für dich ist.

Die innere Leere lässt sich besser füllen, wenn du versuchst, mehr in der Gegenwart und Zukunft zu leben als in der Vergangenheit. Versuche dich nicht andauernd mit den Dingen zu belasten, die du mit deinem narzisstischen Ex-Partner erlebt hast. Erzähle nicht ständig deine Geschichten, denn das verletzt dich immer wieder neu. Eine Wunde heilt nicht, wenn du andauernd daran herumkratzt. Stelle also alle Zeichen auf Veränderung. Verbringe deine Zeit damit, dich auf

> Reiße deine Wunde nicht täglich neu auf, indem du immer wieder deine Leidensgeschichte erzählst.

dich selbst zu konzentrieren, achtsam mit dir zu sein und einen liebevollen Blick auf dich zu haben. Hier können Meditation, Yoga, Entspannungsübungen, Achtsamkeitstraining oder Spaziergänge in der Natur unterstützend sein.

Gerade emotionale Abhängigkeiten und Blockaden in unserem Unterbewusstsein müssen wir ganzheitlich lösen. Wir können den Schmerz nicht nur kognitiv heilen. Deshalb ist Meditation extrem hilfreich und sollte zusätzlich zur gedanklichen Ablösung regelmäßig praktiziert werden. Viele Klientinnen berichten mir darüber, dass sie im Kopf alles klar haben, aber nicht verstehen, warum sie es nicht umsetzen können. Hier spielt uns unser Unterbewusstsein einen Streich.

Vergleichen können wir das mit einem Schiff, das vergessen hat, den Anker einzuziehen. Das Schiff, in unserem Beispiel der Kopf, ist bereit und möchte losfahren, doch es kommt einfach nicht von der Stelle, egal wie stark der Motor arbeitet. Der Anker, in unserem

Beispiel das Unterbewusstsein, hindert das Schiff am Vorwärtskommen, weil er viel zu tief in der Erde steckt. Möchtest du also vorankommen, musst du zuerst den Anker einholen. Das heißt, du darfst dein Unterbewusstsein davon in Kenntnis setzen, dass du eine Veränderung herbeiführen möchtest. Das geht sehr erfolgreich mithilfe verschiedener Meditationen.

Manchmal benötigt es aber auch professionelle Unterstützung durch einen Coach oder Therapeuten, denn um deine Blockaden langfristig zu lösen, kann eine intensive Arbeit mit dem inneren Kind erforderlich sein. Solltest du merken, dass du dich trotz deines Wissens nicht anders verhalten kannst, und haben dir Meditationen über einen längeren Zeitraum nicht weitergeholfen, dann empfehle ich dir, Kontakt zu einem Psychologen oder einem Psychiater aufzunehmen. Die Kosten dafür werden bei einer medizinisch bestätigten Diagnose von den Krankenkassen übernommen.

> Wenn du allein nicht weiterkommst, lass dich von einem Therapeuten unterstützen.

Hier ist eine kleine Übung, um dich auf diese neue Zeit nach der Trennung vorzubereiten:

1. Womit kann ich mich am besten vom Grübeln ablenken?
2. Welche Dinge geben mir ein Gefühl von Freude?
3. Wie kann ich mich selbst trösten?
4. Worauf möchte ich mich ab jetzt neu fokussieren?
5. Welche Gewohnheiten sollte ich verändern, um nicht immer an ihn denken zu müssen?
6. Wie kann ich mich selbst täglich neu motivieren und stärken?
7. Welche neuen Hobbys könnte ich mir suchen, welche Fortbildungen und Reisen machen?
8. Was würde mir dabei helfen, die Vergangenheit endlich loszulassen?
9. Wie gestalte ich mir eine wundervolle Zukunft?
10. Sollte ich mir professionelle Unterstützung suchen?

Wenn du dich nur auf den Schmerz konzentrierst, wirst du weiter leiden. Konzentriere dich lieber darauf, was du daraus gelernt hast.

Wieso eine Neuorientierung notwendig ist

Eine wichtige Lebensweisheit besagt: „In einem Umfeld, das dich krank gemacht hat, kannst du nicht gesunden." Das musst du dir wieder und wieder bewusst machen. Denn Menschen, die dich verletzt, abgewertet und für ihre Zwecke manipuliert haben, werden das auch weiterhin tun. Wer dich über einen längeren Zeitraum psychisch oder physisch missbraucht hat, wird damit nicht aufhören. Es wird sich nie etwas ändern, wenn du es nicht veränderst.

> Es wird sich nie etwas ändern, wenn du es nicht veränderst.

Deshalb ist es unabdingbar, dass du dich neu orientierst und nicht nur dich, sondern auch deine Lebensumstände veränderst. Natürlich kann nicht jeder einfach umziehen und ein komplett neues Leben starten, obwohl dies sicherlich das Effektivste wäre. Aber du darfst versuchen, dir innerhalb deiner Möglichkeiten ein völlig neues Leben aufzubauen.

Überlege dir bitte, in welchen Bereichen deines Lebens du noch Verbesserungen erzielen könntest, und vor allem, wie du das am einfachsten erreichen kannst. Schau dir bitte die folgenden Bereiche genauer an:

- Freunde/Beziehungen
- Familie/Ursprungsfamilie
- Liebe/Partnerschaft
- Beruf/Karriere
- Freizeit/Hobbys
- Finanzen/Wohlstand
- Gesundheit/Fitness

- Persönliches Wachstum
- Selbstverwirklichung/Sinn des Daseins

Schätze auf einer Skala von eins bis zehn (wobei eins „nicht so gut" und zehn „sehr gut" bedeutet), in welchen Bereichen du wo stehst. Alle, die weniger als eine sieben oder acht aufweisen, solltest du versuchen zu verbessern. Nimm dir nun für jeden Bereich, den du ändern möchtest, einen Zettel und stelle dir folgende Frage: „Was müsste passieren, damit ich auch hier eine zehn erreiche?" Anschließend überlege dir, was du selbst tun kannst, um diese Ziele umzusetzen.

Diese Übung wird dir zeigen, wie viel Einfluss du auf dein Leben hast. Du wirst erkennen, dass du ihm nicht hilflos ausgeliefert bist, sondern dass du ganz allein in der Lage bist, alles so zu erschaffen, wie du es dir wünschst. So wirst du Schritt für Schritt aus dem Mangel in die Fülle kommen.

Mache dir bewusst, wo du stehst und wo du hinwillst.

Das ist ein ganz wichtiger Punkt: dich selbst aus dem Mangel herauszubringen. Was hat dich bei dem Narzissten gehalten? Dein Mangel an Souveränität, dein Mangel an Eigenverantwortung, deine Angst vor dem Alleinsein. Was haben deine Eltern dir suggeriert? Du reichst nicht. Du bist nicht gut genug. Dir mangelt es hieran und daran. Du hast immer nur deine Unzulänglichkeiten gespiegelt bekommen. So ist das negative Bild von dir selbst zu einem Grundgefühl geworden, das dich dauerhaft begleitet. Das gilt es zu verändern. Du kannst dich selbst retten.

Dankbarkeit ist eine sehr hilfreiche Methode, um Fülle in dein Leben zu bringen. Bist du dankbar, konzentrierst du dich auf alles, was schon da ist und was in deinem Leben gut läuft. Binnen weniger Sekunden erschaffst du so einen Wechsel vom Negativen hin zum Positiven. Probiere es aus – es wird dein Leben verändern!

Dankbarkeit bringt uns innerhalb von Sekunden vom Mangel in die Fülle.

Besonders an Tagen, an denen du traurig bist, weil du deinen Ex-Partner vermisst oder dich einsam fühlst, versuche dir bewusst zu machen, wo du noch vor einer Woche, einem Monat, einem Jahr gestanden hast. Sei dankbar für den Weg, den du bereits gegangen bist, und die Veränderung, die du durchlebt hast. Erkenne, wie viel stärker, selbstbewusster und freier du seitdem geworden bist, und sei dankbar für deine Neuorientierung. Führe ein kleines Tagebuch, in das du jeden Tag fünf Dinge schreibst, für die du dankbar bist. So wirst du achtsamer für die guten Dinge im Leben und siehst, dass das Leben dich immer unterstützt, wenn du dich unterstützen lassen möchtest.

Ebenso solltest du deine Scham- und Schuldgefühle ablegen. Sie haben so eine tiefe energetische Schwingung, dass wir uns gleich schlecht und depressiv fühlen, wenn wir sie empfinden. Mal ehrlich: Wofür solltest du dich schämen? Du hast doch versucht, es immer so gut zu machen, wie du es konntest. Vielleicht hast du ein paar falsche Entscheidungen getroffen, aber nur, weil du es nicht besser wusstest.

Wir machen Fehler, weil uns wichtige Informationen fehlen. Hätten wir diese gehabt, wäre der Fehler nicht passiert. Der Mensch ist nun mal fehlbar, er ist nicht perfekt. Perfekt ist ein künstlich erzeugter Zustand, den niemand erreichen kann. Dich trifft also keine Schuld.

Du kannst nichts für deine Kindheit und die daraus resultierenden Verhaltensmuster. Du kannst nichts für deine Ängste, die sich aus Vertrauensmissbräuchen entwickelt haben. Du bist das Produkt deiner Kindheit, deiner Erfahrungen und deiner Erlebnisse. Dich trifft keine Schuld, aber auch deine Eltern, deine Ex-Partner und andere Menschen sind unschuldig, denn auch sie wussten es nicht besser und wurden zum Opfer ihrer Konditionierungen.

Dich trifft keine Schuld!

Wer seinen Mitmenschen in diesem Bewusstsein gegenübertritt, bringt ihnen Verständnis entgegen und holt sie dort ab, wo sie stehen. Das bedeutet nicht, dass du dir deshalb alles gefallen lassen solltest. Du darfst durchaus deine Grenzen ziehen, dich für deine Bedürfnisse einsetzen und weiterhin gut für dich sorgen. Es soll dir lediglich veranschaulichen, dass jeder Mensch größere und kleinere Wunden hat, die ihn verletzbar machen und aus denen er sich bestimmte Schutzstrategien erarbeitet hat, die uns gegebenenfalls verletzen.

Das ist falsch, aber für diese Strategien können wir diese Menschen nicht verantwortlich machen. Nimm diese Gedanken zum Anlass, dich von deiner eigenen Schuld freizusprechen. Versuche Gefühle wie Schuld und Scham aus deinem neuen Leben zu eliminieren. Verzeihe dir selbst und schaffe damit die Voraussetzungen, um das Glück in dein Leben zu lassen.

Stelle dir folgende Fragen, um dir im Anschluss selbst verzeihen zu können:

1. Für was schäme ich mich?
2. Für was fühle ich mich schuldig?
3. Warum sind diese Dinge passiert?
4. Trage ich wirklich die Schuld daran, dass sie geschehen sind?
5. Was müsste passieren, damit ich meine Schuld- und Schamgefühle loslassen kann?

SCHRITT 3: WIE DU DEINE EIGENE AUTHENTIZITÄT ENTWICKELST

Lange Zeit meines Lebens wusste ich nicht wirklich, wer ich war. Ich hatte keine Ahnung, was mich ausmachte, was andere an mir mochten, was ich besonders gut konnte oder welche Werte ich vertrat. Ich war mir meiner eigenen Identität nicht bewusst.

Vielmehr orientierte ich mich mit meinem Verhalten immer daran, was die anderen von mir erwarteten. Meine Großeltern, meine Eltern und insbesondere auch meine Tante hatten ziemlich genaue Vorstellungen davon, wie ich sein sollte. Natürlich fällt es auch unter Erziehung, dass Erwachsene sagen, was richtig und was falsch ist. So gewöhnen wir uns früh an das soziale System und an ein Miteinander. Man wird einfach leichter ins soziale Gefüge integriert, wenn man die Regeln kennt.

Trotzdem ist es sehr wichtig, dass die Eltern und Bezugspersonen dem Kind erlauben, seine Gefühle auszuleben, dass sie es in seinem Verhalten spiegeln und ihm bedingungslose Liebe entgegenbringen, egal was es macht und wofür es sich entscheidet.

> Bring dir selbst die bedingungslose Liebe entgegen, nach der du dich schon lange sehnst.

Erst als ich nach all den schmerzhaften Erfahrungen mit meinen narzisstischen Partnern gebrochen am Boden lag, habe ich verstanden, dass es hier um mich geht, dass es mein Leben ist, und dass es in meiner Verantwortung liegt, mir ein schönes Leben zu gestalten. Ich verstand, dass ich mir erst einmal dessen bewusst werden musste, was ich von mir in diesem Leben erwartete. Es tat gut, endlich Verantwortung für mich und mein Handeln zu übernehmen. Ich wollte herausfinden, wer ich war. Ich wollte wissen, worin ich gut war, und meine Fähigkeiten entsprechend fördern.

Vor allem aber wollte ich endlich eine Mutter werden, die ein Vorbild für ihre Kinder ist. Die weiß, was ihr wichtig ist, wofür sie sich einsetzt und wofür sie zu kämpfen bereit ist. Ich wollte meine Werte für mich entdecken, sie meinen Kindern vorleben und in unsere Familie einbringen. Ich merkte, dass es höchste Zeit wurde, meine Kinder anders zu erziehen, in ihnen Selbstliebe, innere Stärke und Leichtigkeit zu säen. Ich verstand, dass man andere nur dann lieben kann, wenn man sich selbst liebt.

Ich wollte diese Liebe an meine Kinder weitergeben, wollte sie all ihre Gefühle fühlen lassen und sie ihnen liebevoll spiegeln. Ich wollte mich von den alten Konditionierungen aus meiner Kindheit sowie den Verhaltens- und Erziehungsmustern meiner Eltern befreien.

Dafür musste ich sie mir jedoch erst einmal bewusst machen – denn wir können nur verändern, was wir auch wahrnehmen. Mir wurde klar, dass alles, was ich nicht hinterfragte, automatisch mit in mein Leben, mein Verhalten und meine Erziehung einfließen würde. Ich entschied mich für mehr Bewusstsein und mehr Verantwortung in meinem Leben und entwickelte so meine eigene Authentizität. Ich fand und erfand mich neu. So wurde ich stärker, selbstbewusster und bekam eine immer bessere und liebevollere Verbindung zu meinen Kindern.

> Du kannst dich jederzeit neu erfinden und dein Leben verändern.

Rückblickend kann ich sagen, dass das mein Wendepunkt war. Nachdem ich diesen Entschluss gefasst hatte und an seiner Verwirklichung arbeitete, waren Narzissten für mich weder anziehend noch interessant. Erst als ich meinen eigenen Wert kannte, wurde mir klar, wen und was ich in meinem Leben in keinem Fall mehr wollte. Durch diese Reise zu mir selbst war ich in der Lage, viele meiner tiefsten Wunden aufzuarbeiten und zu heilen. Eine Reise, die sich lohnt – auch für dich.

Es kann dich nur dann jemand schlecht behandeln, wenn du ihm die Erlaubnis dafür gibst.

Wie du lernst, Grenzen zu setzen

In narzisstischen Beziehungen bestimmt der eine, was gemacht wird, und der andere ordnet sich unter. Häufig geht das bis zur völligen Selbstaufgabe. In der Hoffnung, ein bisschen Liebe zu bekommen, versuchst du deinem Narzissten alles recht zu machen.

Doch leider kannst du dich noch so sehr anstrengen, er wird immer einen Fehler an dir finden. Gleichzeitig verliert der Narzisst den Respekt vor dir, weil er merkt, wie sehr du dich selbst aufgibst, wie bedürftig du nach seiner Liebe bist und wie du immer schwächer und kleiner wirst. Deine Gutmütigkeit nutzt der Narzisst dennoch weiter aus und zieht sich daraus die für ihn so wichtige narzisstische Zufuhr. Es wird höchste Zeit, dass du dir dein Leben zurückholst und dass du dich mehr um dich selbst kümmerst. Komm zurück in deine Stärke und lerne, dich für dich und deine Werte einzusetzen.

Grenzen zu setzen, ist eine ganz wichtige Eigenschaft, um uns bei unseren Mitmenschen Respekt zu verschaffen. Das gilt ganz allgemein für unser Leben, wird aber dann besonders wichtig, wenn du dazu bereit bist, dich aus deiner narzisstischen Beziehung zu lösen.

Wer Grenzen setzt, verschafft sich Respekt.

Sicher gibt es auch Menschen, die sich wundern, wenn du anfängst, dich abzugrenzen. Sie wollen aber nicht dein Wohl, sondern nur ihr eigenes. Es ist nicht egoistisch, sich abzugrenzen. Es ist in gewissem Maße sogar sehr gesund.

Vielleicht beschleicht dich beim Lesen die Angst, dass du mit diesem Verhalten genauso wirst wie ein Narzisst. Aber da brauchst du keine Angst zu haben, denn du bist viel zu empathisch, sozial und hilfsbereit, um egozentrisch zu werden. Dir fehlt es jedoch an einem gesunden Egoismus. Dahingehend darfst du dich ruhig mehr in den Fokus rücken.

Das Schwierigste beim Grenzensetzen ist das Neinsagen. Da du selbst so große Angst vor Ablehnung hast, möchtest du sie anderen nicht zufügen. Die Vorahnung, dass jemand unter deinem Nein leiden könnte, lässt dich bereits mit dem anderen mitfühlen, obwohl noch gar nichts passiert ist. Du möchtest

> Vergiss nie: Ein Nein zu anderen ist immer ein Ja zu dir selbst.

einfach nichts machen, was anderen nicht guttut. Dabei übersiehst du jedoch leider, dass du oftmals so handelst, dass du leidest. Irgendwann tust du dann zu viele Dinge, die du eigentlich gar nicht machen möchtest.

Um hier Veränderung hineinzubringen, solltest du Zugang zu dir und zu deinem Bauchgefühl bekommen. Verschaffe dir Bedenkzeit, wenn jemand etwas von dir möchte, das deine eigenen Grenzen überschreitet. Bevor du gleich Ja sagst, kannst du auch antworten: „Ich denke darüber nach und gebe dir Bescheid." Damit bist du erst einmal aus der Bedrängnis heraus, gleich etwas für den anderen tun zu müssen. Danach kannst du dich ganz in Ruhe fragen, ob du das wirklich willst oder ob du eigentlich gar keine Lust dazu hast.

Wenn du nicht möchtest, kontaktierst du die Person am nächsten oder übernächsten Tag und teilst ihr deine Entscheidung mit. Kalkuliere ein, dass es dir am Anfang schwerfallen wird, negative Botschaften zu überbringen, und du Angst haben wirst, diesen Menschen deshalb zu verlieren oder in seine Missgunst zu geraten. Ich kann dir aus eigener Erfahrung und aus Beobachtungen vieler meiner Klienten sagen, dass so etwas nicht passieren wird. Natürlich wird dein Gegenüber sich erst einmal wundern, doch langfristig entwickelt er Verständnis für deine Grenzen und wird bemerken, dass du dich nicht länger aus- und benutzen lässt. Er wird so viel mehr Respekt vor dir haben.

> Die Menschen, die nicht mit deinem neuen Selbstbewusstsein umgehen können, haben keinen Platz in deinem Leben verdient.

Manche Narzissten bewundern es sogar, wenn du deine Opferrolle verlässt und Verantwortung für dich übernimmst. So wirst du plötzlich wieder attraktiv für sie. Allerdings gibt es auch genügend Narzissten, die eher wütend, ablehnend und strafend reagieren, wenn du ihnen auf einmal nicht mehr hörig bist und sie zunehmend die Kontrolle über dich verlieren. Ein Grund mehr, dich aus der Beziehung zu lösen.

Indem du die folgenden Fragen beantwortest, kannst du lernen, dich in Zukunft besser für dich einzusetzen:

1. Wann fällt es mir schwer, Grenzen zu ziehen?
2. Bei wem übergehe ich mich immer wieder?
3. Von wem würde ich mir mehr Respekt wünschen?
4. Wer oder was saugt immer wieder meine Akkus leer?
5. Wie kann ich mehr für mich und meine Bedürfnisse einstehen?
6. Was sind meine Bedürfnisse?
7. Was brauche ich täglich, damit es mir gut geht?
8. Was möchte ich aus meinem Leben eliminieren, weil es mir schadet?
9. Wen oder was möchte ich ab sofort bewusst loslassen?
10. Wen oder was könnte ich stattdessen in mein Leben ziehen?

Lerne behutsamer und aufmerksamer mir dir umzugehen. Achtsam mit dir selbst zu sein, ist das Wertvollste, was du dir schenken kannst. Es wird dich zum einen immer näher zu dir bringen, und zum anderen wird es dich stärken und heilen. Denn mit jeder zugelassenen übergriffigen Handlung von Partnern, Eltern oder Chefs verletzt du dich erneut. Mit jeder Grenze, die du gesetzt hast, kommst du in deine Stärke, fühlst dich gut und gewinnst mehr Selbstvertrauen.

Selbstvertrauen entsteht, wenn du dir – wie das Wort bereits sagt – selbst vertrauen kannst. Bist du aber eher vom Außen abhängig, zeigt das, dass du anderen mehr vertraust als dir selbst.

Wer aus toxischen Beziehungen aussteigen möchte, muss an Selbstvertrauen gewinnen. Deshalb halte deine eigenen Versprechen. Versuche, die Dinge, die du dir vornimmst, auch wirklich zu machen. Versprich dir nichts, von dem du dir nicht auch ganz sicher bist, dass du es einhalten kannst. Sonst bekommen dein Körper und dein Geist ganz klare Signale, dass sie dir nicht vertrauen können. Das verunsichert und schwächt dich. Es ist besser, sich nur einen kleinen Schritt und eine winzige Veränderung vorzunehmen und diese auch einzuhalten, als etwas ganz Elementares umstellen zu wollen und daran zu scheitern.

Nimm dir nur Dinge vor, die du auch erreichen kannst.

Veränderung ist immer ein Prozess, der nicht von heute auf morgen passiert, sondern für den wir sehr viel Geduld und Zeit benötigen. So oft wünscht man sich, nach einer Trennung nicht mehr an den Ex-Partner denken zu müssen und nicht immer wieder unter seiner Abwesenheit zu leiden. Mit dem Fokus auf deiner Zukunft und auf deinen Stärken wirst du es mit der Zeit immer besser schaffen, ihn loszulassen.

Vertraue auf dich und auf deine Bereitschaft, dich zu ändern. Gib deinem Wandel Zeit und sei liebevoll und sanft zu dir selbst. Du bist schon so weit gekommen. Fokussiere dich darauf, was du bereits erreicht hast. Unser Körper konzentriert sich immer mehr auf unsere Fehler als auf unsere Erfolge. Daher müssen wir diese stärker hervorheben und am besten gebührend feiern, damit wir verstehen, wie viel Veränderung bereits stattgefunden hat.

*Mache dir selbst bewusst,
wie selbstbewusst du bist.*

Wieso ein gutes Selbstbewusstsein elementar ist

Der amerikanische Psychotherapeut Nathaniel Branden beschreibt das Selbstwertgefühl als das Immunsystem des Bewusstseins. Ist uns erst einmal klar geworden, dass wir im Leben allen Herausforderungen gewachsen sind, gibt uns das eine Stärke, die uns alles erreichen lässt, was wir uns wünschen. Daher sollten wir uns immer sehr bewusst über unser eigenes Selbst sein.

Wie gut kennst du dich eigentlich selbst? Worüber bist du dir klar? Was weißt du alles über dich? Was macht dich aus? Woher weißt du das? Hast du dieses Wissen von anderen übernommen oder ist es deine eigene innere Überzeugung?

Unsere Identität wird zu Beginn unseres Lebens meist vom Außen bestimmt, doch mit dem Heranwachsen ist es unabdingbar, dass wir anfangen, uns selbst um unsere Identität zu kümmern. Wir dürfen nicht alle Be- und Verurteilungen vom Außen in unser System aufnehmen und sie schon gar nicht als unsere innere Wahrheit oder Identität übernehmen. Stelle bitte immer alles, was du von anderen gesagt und gespiegelt bekommst, infrage und prüfe es auf Richtigkeit.

> Überprüfe die Aussagen anderer stets auf ihre Richtigkeit.

Viel zu oft konzentrieren wir uns auf unsere Schwächen und unsere Fehler. Wir kritisieren uns für jedes kleinste Vergehen. Was glaubst du, macht das mit deinem Selbstbewusstsein, wenn jemand den ganzen Tag beleidigend, herabwürdigend und missbilligend mit dir redet? Es schadet dir selbst am meisten. Deshalb achte auf deine Gedanken und Worte und wie du innerlich mit dir umgehst.

2017 hatte ich die Gelegenheit, den Dalai-Lama in Frankfurt bei einem Vortrag zu erleben. Er sprach davon, dass es für den Menschen ganz selbstverständlich sei, sich morgens zu duschen, die Zähne zu putzen und sich mehrfach am Tag die Hände zu waschen. Körperliche Hygiene ist für uns alle zur Selbstverständlichkeit geworden.

Doch niemand würde sich wirklich um die geistige Hygiene kümmern, bemängelte der Dalai-Lama. Ungefiltert würden Filme aus sozialen Medien, Meinungen aus der täglichen Presse, Nachrichten, Verurteilungen unserer Mitmenschen und verschiedenste Gedankensätze auf uns einprasseln. So würden mit der Zeit unser Geist und unsere Seele vergiftet, weil wir uns nicht die Zeit nähmen, all diese Informationen wirklich zu überprüfen und schlechte Gedanken aus unserem System zu löschen.

Möchtest du dich zunehmend von toxischen Einflüssen befreien, ist es unerlässlich, dass du die Gedankenhygiene in deinen Alltag aufnimmst. Hinterfrage, was man dir sagt. Suche Beweise für deine Gedanken und kontrolliere, ob sie wirklich wahr sind. Glaube nicht alles, was du denkst!

> Regelmäßige Gedankenhygiene befreit unser System von giftigen Informationen.

Gerade in der Trennungsphase wird dein Gehirn dir wahrscheinlich immer wieder erzählen, dass du falsch gehandelt hast, dass du doch noch einmal mit deinem Ex-Partner Kontakt aufnehmen solltest oder ihm aus irgendeinem fadenscheinigen Grund noch eine kurze Nachricht schreiben musst. Mache dir klar, dass rückschrittliche Gedanken deinem Selbstbewusstsein schaden und dich nachhaltig schwächen.

Versuche dich immer wieder darauf zu konzentrieren, was du weißt – über dich und über ihn. In den Momenten, in denen du schwach wirst, und ich sage dir, die werden kommen, ist es elementar, dass du dich mit deinem Selbstbewusstsein verbindest. So kannst du dich immer wieder selbst daran erinnern, warum du gegangen bist und für wen du dich in Zukunft mehr einsetzen wolltest: nämlich für dich!

Mit diesen Fragen kannst du dir verdeutlichen, wieso deine Beziehung so giftig für dich war:

1. Was hat mein Ex-Partner mir alles angetan?
2. Worunter habe ich am meisten gelitten?
3. Welche Aktionen haben mich zutiefst verletzt?
4. Wie habe ich mich in der Nähe meines Ex-Partners immer gefühlt?
5. Welche Gründe haben mich damals zur Trennung bewegt?
6. Wie möchte ich mich nie wieder fühlen?
7. Welche Menschen haben meinem Selbstbewusstsein geschadet?
8. Wessen bin ich mir selbst bewusst? Was macht mich aus?
9. Welche wundervollen Charaktereigenschaften habe ich?
10. Was schenkt mir Selbstvertrauen?

Leider beschäftigen wir uns viel zu selten mit uns selbst. Zu sehr sind wir am Außen orientiert und hoffen, dort die Wahrheit über uns zu finden. Aber du kannst dich selbst nur in dir finden. In deinem Inneren steht geschrieben, wer du bist, was dich ausmacht und was du an dir liebst. Wenn du es schaffst, diesen Zugang zu dir selbst zu finden, dann wirst du bei dir ankommen.

Je mehr du über dich weißt und je besser du dich kennenlernst, desto mehr wirst du dir vertrauen, dich lieben und annehmen können. Jede Erkenntnis über dich bringt dir mehr Selbstbewusstsein. Du darfst und solltest dir dabei aber auch deine Schwächen eingestehen. Jeder Mensch hat Stärken und Schwächen. Narzissten versuchen, ihre Schwächen zu verdrängen und sie auf andere zu übertragen, aber trotzdem haben sie welche, wie alle anderen auch.

> Es ist unglaublich befreiend, sich Schwächen einzugestehen, denn damit befreien wir uns vom eigenen Perfektionismus und machen uns unangreifbar.

Absolute Selbstliebe hast du erreicht, wenn du dich selbst annimmst und magst, besonders auch mit deinen Schwächen. Kennst du deine Schwächen, dann kannst du zu ihnen stehen – das verleiht dir innere Stärke. Du wirst vielleicht sogar über sie lachen können und einfach dazu stehen, dass du sie hast.

Selbstbewusst zu sein bedeutet, dich wirklich richtig gut zu kennen. Deshalb darfst du dir immer wieder Zeit nehmen, um dich mit dir selbst auseinanderzusetzen. Hier helfen Mediationen (z. B. die Wiedergefundene-Stärke-Meditation, die ich unter www.katjademming.com/meditationen-buch für dich bereitstelle), Spaziergänge in der Natur oder eigene kleine Oasen der Ruhe.

Ich weiß, dass es dir so frisch nach der Trennung vermutlich unfassbar schwerfällt, mit dir allein zu sein. Zu viele Gedanken, ein Gefühl von Einsamkeit und die Angst, gescheitert zu sein, begleiten dich von morgens bis abends. Mit der Zeit wird das angenehmer, weil du vom Außen immer mehr ins Innere gehst. Zu Beginn brauchst du einfach noch die Spiegelung von anderen, um dich fühlen zu können – das ist ganz normal und dafür

> Je mehr Zeit du mit dir allein verbringst, desto besser lernst du dich kennen.

solltest du dich auf keinen Fall verurteilen. Gib dir die Zeit, die du brauchst. Veränderung ist wie bereits erwähnt ein Prozess, und jeder findet nach und nach sein eigenes Tempo.

Je mehr du bei dir ankommst, desto besser siehst du, dass du dir diese Liebe, nach der du dich so sehnst, am besten selbst geben kannst. Nach und nach wird so deine innere Leere verschwinden und du kannst Platz in deinem eigenen Herzen nehmen. Das ist ein ganz wundervoller und erstrebenswerter Zustand, den du so sehr verdient hast und den du ganz sicher erreichen wirst. Das Werkzeug, das du dazu benötigst, trägst du bereits in dir, und mit diesem Buch mache ich es dir bewusst. So kannst du jeden Tag ein Stückchen mehr bei dir ankommen.

*Ich bin zu wertvoll,
um mich an dich zu verschwenden.*

Warum du deinen eigenen Wert vertreten musst

Narzissten sind gut darin, andere in ihren Bann zu ziehen. Dazu stellen sie ihre eigenen Regeln auf und haben ganz bestimmte Erwartungen an ihr Umfeld. Sie entscheiden, was falsch und was richtig ist. Als Partner kannst du dich dem eigentlich nur fügen, wenn du keinen Streit möchtest.

Hast du das innerhalb deiner toxischen Beziehungen über Jahre hinweg mitgemacht, dann weißt du am Ende oft gar nicht mehr, was falsch und richtig ist oder was deiner eigenen Wahrheit entspricht. Deshalb ist es unabdingbar, dass du dich auch in diesem Bereich wieder erdest und dir deine Werte sowie deinen Selbstwert neu bewusst machst.

Durch seine abwertenden Manipulationstechniken hat der Narzisst dir immer wieder das Gefühl gegeben, nicht sonderlich wertvoll zu sein. Deine Meinung wurde widerlegt oder belächelt, deine Intelligenz beleidigt, deine Gefühle wurden geleugnet und deine Bedürfnisse missachtet. Kein Wunder, dass du dich in diesem Manipulationsdschungel völlig verloren hast. Umso wichtiger ist es, dass du nun einmal genauer hinschaust und dich von allem, was Narzissten dir eingetrichtert haben, befreist.

> Wenn du jahrelang den Regeln des Narzissten gefolgt bist, kennst du irgendwann deine eigenen Ansichten nicht mehr.

Denn wer bestimmt über deinen Wert? Ganz ehrlich? Nur du! Du ganz allein. Doch oftmals geben wir die Macht an andere ab und lassen sie über unseren Wert bestimmen. Dabei kennen die anderen dich doch gar nicht so gut wie du dich selbst. Sie haben nicht deine Erfahrungen gemacht, kennen deine

Ängste nicht und haben auch nicht deine Ressourcen und Träume. Du bist der Experte für dein Leben.

Deshalb ist es so wichtig, dass du deinen eigenen Wert kennst und dich für ihn einsetzt, denn nur dann kannst du nicht mehr entwertet werden. Bist du selbst von dir und deiner Art überzeugt, wird jede Abwertung einfach an dir abprallen. Sei dir immer darüber im Klaren: Es kann dich nur dann jemand abwerten, wenn du ihm die Erlaubnis dazu gibst.

> Niemand darf über deinen Wert bestimmen, außer du selbst.

Je ausgeprägter deine innere Stärke ist, desto weniger werden beleidigende Kommentare dich aus der Fassung bringen. Lasse es nicht zu, dass Menschen weiterhin über deinen Wert bestimmen dürfen. Sie wollen dich nur kleinhalten oder dich daran hindern, ebenfalls erfolgreich, beliebt und begehrt zu sein.

Narzissten würden es nicht ertragen, eine erfolgreichere, angesehenere oder beliebtere Frau an ihrer Seite zu haben. Sie würden dadurch ihren eigenen Glanz verlieren. Aber bei dir sollte es jetzt nicht mehr darum gehen, wie andere dich haben wollen, sondern nur noch darum, wie du sein willst. Das ist nicht überheblich. Das ist die Voraussetzung für eine starke Persönlichkeit.

Du darfst wachsen und dich persönlich weiterentwickeln – denn erst, wenn du deinen eigenen Wert kennst, bist du frei. Warum ist das so? Wenn dir bewusst ist, was du kannst, was du weißt, was dir wichtig ist und worin deine Stärken liegen, dann kannst du dir selbst vertrauen und innerlich immer mehr zu dir stehen. Du musst dich außerdem nicht ständig am Außen orientieren und nach Bestätigung suchen, weil du selbst bereits von dir überzeugt bist.

Ein großer Fehler, den viele Menschen begehen, ist, sich immer wieder mit anderen zu vergleichen. Insbesondere wenn der Narzisst wieder einen neuen Partner hat, ist man versucht, schnell zu beurteilen, wer schlanker, hübscher, klüger oder netter ist.

Wenn du dich schon vergleichen musst, dann höchstens mit dir selbst. Du kannst dir dann Sachen sagen wie: „Im Vergleich mit dem vorherigen Jahr bin ich heute schon viel selbstbewusster, freier und glücklicher." Niemals solltest du dich mit anderen Menschen vergleichen, denn wir vergleichen uns grundsätzlich in unseren Unzulänglichkeiten. Wir beurteilen selten Eigenschaften, die an dem anderen negativer sind als bei uns, sondern schauen, in welchen Bereichen uns der andere überlegen ist.

In meinen Coaching-Sitzungen frage ich gerne, ob meine Klienten komplett mit dem Menschen tauschen möchten, der angeblich so viel besser ist als sie selbst. Dann stoße ich in den meisten Fällen auf großes Entsetzen: Im Gesamtbild mögen sie den Menschen oftmals gar nicht. Deshalb versuche, einfach bei dir zu bleiben und sei mit dir zufrieden. Konzentriere dich auf all die guten Dinge in deinem Leben, die du schon erreicht und die du bereits umgesetzt hast.

Sich zu vergleichen ist der erste Schritt in die eigene Unzufriedenheit.

Dein eigener Wert wird auch herabgesetzt, wenn du schlecht über andere redest. Denn immer, wenn du andere abwertest, wertest du dich damit auch ein bisschen ab. Das schmälert dich und schadet dir. Menschen, die mit sich selbst zufrieden sind, beurteilen und verurteilen andere nicht. Sie nehmen sie einfach so an, wie sie sind, und sehen immer das Gute in ihnen.

Oftmals entsteht ein geringer Selbstwert auch durch die Diskrepanz aus deinem idealen und dem realen Ich. Das ideale Ich sind all deine Wunschvorstellungen von dir. Das reale Ich beschreibt die Person, die du gerade wahrnimmst. Stimmen die beiden Versionen nicht miteinander überein, kommt es zu einer inneren Unzufriedenheit. Deshalb überprüfe bitte einmal dein ideales Ich darauf, ob es überhaupt erreichbar ist. Denn häufig ist unser ideales Ich viel zu perfekt angelegt und somit gar nicht umsetzbar. Das Streben nach dem perfekten Ich führt lediglich dazu, dass wir ständig unzufrieden mit uns sind.

Bringe diese kritisierende Stimme in deinem Kopf zum Schweigen und arbeite lieber daran, dich in dein reales Ich zu verlieben. Du bist gut, so wie du bist. Du denkst das nur nicht von dir, weil dir zu viele Menschen suggeriert haben, du würdest nicht reichen.

Unterscheide bitte auch ganz konkret zwischen deiner Eigenwahrnehmung und der Fremdwahrnehmung. Viele Menschen im Außen nehmen dich vermutlich viel positiver wahr als du dich selbst. Narzissten natürlich ausgenommen. Die anderen wissen oft schon längst, wie großartig du bist – jetzt musst du nur noch dich selbst davon überzeugen.

Andere Menschen haben oft ein viel positiveres Bild von dir als du selbst.

Vielleicht fragst du mal den einen oder anderen Freund, was er an dir besonders schätzt. Bitte ihn, dir eine Postkarte zu schicken, auf die er all deine Stärken schreibt. So bekommst du immer mehr ein Gefühl für dich selbst. Du siehst, wie andere dich wahrnehmen, und lernst dich auf diese Weise ganz neu kennen.

Mache dir nun bewusst, welche Werte dir für dich und dein Leben wichtig sind:

Liebe • Freude • Gemeinschaft • Familie • Geld • Abenteuer • Ehrlichkeit • Loyalität • Treue • Spaß • Humor • Anerkennung • Akzeptanz • Fairness • Dankbarkeit • Freiheit • Gemütlichkeit • Erfolg • Entspannung • Empathie • Hilfsbereitschaft • Respekt • Klarheit • Klugheit • Kreativität • Kontrolle • Leidenschaft • Luxus • Leistung • Nächstenliebe • Offenheit • Pünktlichkeit • Zuverlässigkeit • Ruhe • Vernunft • Zugehörigkeit • Wachstum • Vertrauen • Visionen • Vitalität • Wahrheit • Wissen • Zufriedenheit • Stabilität • Sicherheit • Stärke • Träume • Vergnügen • Sparsamkeit • Selbstvertrauen • Mut • Optimismus

Wähle hier zunächst zehn Werte aus. Reduziere diese nochmals auf fünf und ordne sie nach deiner persönlichen Priorität von eins bis fünf. Kennst du deine Werte, dann kannst du viel leichter handeln und Entscheidungen treffen. Alles, was du tust, kannst du innerlich kurz mit deinen Werten abgleichen, so weißt du ganz schnell, ob es sich richtig oder falsch anfühlt. Ich begründe ein Nein meistens mit der Aussage, dass etwas nicht mit meinen Werten übereinstimmt. Das Bewusstsein für deine wichtigsten Grundsätze macht dein Leben im Alltag viel einfacher.

Hier sind ein paar hilfreiche Fragen, um deinen eigenen Werten auf die Spur zu kommen:

1. Warum bin ich es wert, einen liebevollen Partner an meiner Seite zu haben?
2. Wie möchte ich in Zukunft behandelt werden und wie werde ich mich nie mehr behandeln lassen?
3. Für welche Werte stehe ich ab sofort ein?
4. Welchen eigenen Wert möchte ich mir geben?
5. Welche Werte möchte ich mit meinen Kindern/meiner Familie leben?

Du bist viel stärker, als du glaubst.
Beweise dir selbst, was in dir steckt.

Wie du mehr innere Stärke entwickelst

Positive Gefühle sind kleine Wellen, die unseren Körper durchströmen. Sie bringen eine Energie mit sich, die uns gute Gedanken und auch eine innere Stärke geben kann. Diese Gefühle bekommen wir meistens, wenn uns etwas gut gelungen ist, wir eine Hürde genommen haben oder wir endlich das geschafft haben, was wir schon immer schaffen wollten.

Zeige dir selbst, wozu du fähig bist.

Um innere Stärke zu gewinnen, ist es unabdingbar, dass wir uns selbst beweisen, wozu wir alles fähig sind. Gerade nach einer toxischen Beziehung haben wir das Gefühl, klein und hilflos zu sein. Nimmst du nun aber einen Perspektivwechsel vor und blickst einfach einmal auf die Dinge, die du mit dem Narzissten bewältigt, ausgehalten und gestemmt hast, merkst du wahrscheinlich ganz schnell, wie stark du tatsächlich bist.

Ein Narzisst verlangt uns in der Partnerschaft so viel ab, dass wir uns völlig überfordert fühlen. Wir benötigen in der Beziehung extrem viel Kraft, um psychisch überhaupt überleben zu können. Mach dir bewusst, dass diese unbändige Kraft in dir steckt. Es wird höchste Zeit, sie für dich und für dein eigenes Wohlbefinden zu verwenden.

Je besser du lernst, deine Grenzen zu setzen, deinen eigenen Wert zu erkennen und dir selbst zu vertrauen, desto stärker wirst du. Dir selbst treu zu bleiben und dich für deine Wünsche und Überzeugungen einzusetzen, gibt dir Kraft. Deshalb ist es so wichtig, dass du endlich erkennst, wie wunderbar und einzigartig du bist.

Mache dir mit diesen Fragen klar, wie viel Stärke in dir steckt:

1. Was habe ich in meinem Leben schon alles geschafft?
2. Worin bin ich wirklich stark?
3. Was baut mich immer wieder auf?
4. Warum weiß ich, dass ich die Trennung überstehen kann?
5. Was ist schon alles Gutes in meinem Leben passiert?
6. Wie kann ich mir noch mehr Gutes in mein Leben ziehen?
7. Was müsste passieren, damit ich noch mehr innere Stärke fühlen kann?
8. Welche Verhaltensmuster, Denkweisen und Strategien beflügeln mich?

Wahrscheinlich bist du gerade ziemlich verwundert darüber, wie viel innere Größe du bereits besitzt. Vielleicht kommt jetzt auch eine Wut in dir hoch, weil andere dennoch immer dafür gesorgt haben, dass du dich hilflos fühlst. Lass die Wut ruhig einen Moment zu. Vergiss aber nicht, dass du ihnen auch die Erlaubnis dazu gegeben hast – natürlich nur, weil du es nicht besser wusstest. Du solltest deswegen nicht zu traurig sein, denn das, was du gerade erlebst, ist inneres Wachstum und persönliche Entwicklung. Sie sind ein wichtiger Schritt hin zur positiven Veränderung.

> Meistens besitzen wir bereits wesentlich mehr innere Stärke, als uns bewusst ist.

Wichtig ist, dass du deine Stärke bewusst wahrnimmst und dann deine Denkweise so veränderst, dass sie eine Geisteshaltung wird, die tief in dir verwurzelt ist. Werde dir dessen bewusst, dass du über deine Gedanken an Stärke gewinnen kannst. Je mehr du versuchst, deine Gedanken im Außen zur Realität werden zu lassen, desto mehr werden sie zu Gewohnheiten. Irgendwann machen die Gewohnheiten dein Leben aus.

Kalkuliere ein, dass du stolpern oder eventuell einmal hinfallen wirst, aber sei deswegen nicht zu streng mit dir. Das Stolpern gehört am Anfang dazu. Wichtig ist, dass du weitermachst.

Wenn du nun schon einige Tage oder Wochen keinen Kontakt mehr zum Narzissten hattest und dich plötzlich ein schwacher Moment übermannt, du ihm eine Nachricht schreibst oder ihn anrufst, dann schimpfe dich im Nachhinein nicht noch dafür aus. Zur inneren Stärke gehört es, dass du zu deinen Fehlern stehst. Versuche dir zu sagen: „Okay, das ist jetzt passiert. Ich kann es nicht rückgängig machen. Aber nun beginne ich von vorn. Ich weiß, dass ich es bereits vier Wochen ohne Kontakt ausgehalten habe. Nun werde ich mir beweisen, dass ich es mindestens sechs bis acht Wochen ohne Kontakt schaffen werde."

> Die Fähigkeit der Selbstregulation ist eine wichtige Voraussetzung für ein glückliches Leben.

Mache dir bewusst, wie sehr du in die Eigenverantwortung gehen darfst, um zu erfahren, wie lebenstüchtig du bist. Gerade nach jahrelanger Abwertung und Schwächung durch den Narzissten ist es erforderlich, dass du die Verantwortung für dich wieder selbst übernimmst. Psychotherapeut Nathaniel Branden ist der Auffassung, dass man, um glücklich zu sein, das Gefühl haben muss, das Leben selbst kontrollieren zu können.

Mit der Zeit wirst du erkennen, wie stolz dich jeder Tag ohne Kontakt zum Narzissten macht. Du lernst, deine neue Freiheit zu genießen, und spürst dich endlich wieder selbst. Du merkst, wie deine Lebensfreude zurückkehrt und täglich mehr Kraft in deinen Körper fließt. Um das alles zu fühlen, ist es wichtig, dass du wirklich loslässt und bereit bist, nicht länger in der Vergangenheit zu leben. Gehörst du zu denjenigen, die es trotz der ganzen Tipps nicht schaffen, dann solltest du dir wirklich professionelle Hilfe bei einem Psychologen oder Psychotherapeuten suchen.

Dich von toxischen Menschen zu befreien, ist eine Liebeserklärung an dich selbst.

Warum Selbstliebe eine gute Beziehung garantiert

Viele Paare fühlen sich innerhalb einer Beziehung getrennt und allein, obwohl sie zusammen sind. Kommen zwei verletzte Seelen in einer Partnerschaft zusammen, so wünscht sich jede vom anderen, dass er sie heilt oder komplettiert. Gerade die Dinge, nach denen sie sich selbst so sehr sehnen, können sie dem Partner aber oftmals gar nicht geben.

Jeder erhofft sich vom anderen, dass er ihn vervollständigt und alte Wunden heilt. Keiner von beiden möchte den ersten Schritt machen. Die Bedürftigkeit beider Partner ist deutlich spürbar, und dennoch bleiben beide in ihrem jeweiligen Leid verhaftet und schaffen es nicht, sich gegenseitig liebevoll zu bereichern.

Ich kann nicht von meinem Partner verlangen, dass er mich liebt, wenn ich mich selbst ablehne. Damit missbrauche ich ihn zu meiner eigenen Erhöhung, und es entsteht ein schweres Ungleichgewicht in der Beziehung. Trifft man auf einen Partner, der voller Selbstliebe ist, dann wird dieser schnell merken, dass mit dem anderen etwas nicht stimmt. Dass der andere ausschließlich um Erhöhung der eigenen Person bettelt. Das wird der stabilere Partner aber nicht lange mitmachen und sich wahrscheinlich bald trennen.

Wir ziehen an, was in uns selbst ist. Unsere innere Welt spiegelt sich in unserer äußeren Welt wider. So ziehen Menschen ohne Selbstliebe ihresgleichen an. Sie erhoffen sich vom Partner, dass er ihnen die Liebe schenkt, die sie für sich selbst nicht spüren. Da Selbstliebe aber nur in unserem Inneren entstehen kann, ist es für den Partner gar nicht möglich, diese Liebe von außen zu geben. Dies ist nur den wenigsten klar. Als Resultat fühlen sich beide ungeliebt und leer. Dafür machen sie wiederum den Partner verantwortlich, denn sie haben nicht verstanden, dass es ihre eigene Aufgabe ist, sich zu lieben.

> Viele hoffen darauf, dass ihnen der Partner die Liebe gibt, die sie sich selbst nicht geben können.

Liebst du dich nicht selbst, dann denkst du automatisch, dass du auch für deinen Partner nicht liebenswert sein kannst. Aus diesem Grund hast du ständig Angst, den Partner wieder zu verlieren. Du wirst zum eifersüchtigen Kontrollfreak. Die große Angst davor, verlassen zu werden oder davor, dass dein Partner dich betrügen könnte, peinigt dich.

Vielleicht gibst du dich auch total auf, passt dich an, ordnest dich unter und versuchst, keine Fehler mehr zu machen. Wenn der Partner nichts an dir auszusetzen hat, so denkst du, dann muss er dich lieben. Aber auch das ist leider ein Irrglaube, denn die Unterwürfigkeit macht dich in den Augen deines Partners immer unattraktiver. Dieser wird dich nur noch weiter entwerten und vielleicht sogar irgendwann wegwerfen.

Du siehst also, wie wichtig es ist, dass du dich selbst liebst, bevor du eine neue Beziehung eingehst. Deshalb mache dich zur Priorität und gehe liebevoll mit dir um – dann strahlst du auch Selbstliebe aus. Respektiere dich, dann respektieren dich auch die anderen. Sei achtsam mit dir, dann achten die anderen dich ebenfalls. Gib dir deinen eigenen Wert, dann fühlen die anderen deinen Wert.

Lasse die Sorge los, immer gefallen zu müssen. Du musst nur dir gefallen und sonst niemandem. Du wirst geliebt, auch wenn du nicht perfekt bist. Man wird dich um deiner selbst willen lieben. Mache dir deine Einzigartigkeit bewusst und vertraue darauf, dass sie auf den Menschen treffen wird, der sie in dir sieht und zu schätzen weiß. Die Entscheidung, dich selbst zu lieben, triffst du!

> Das, was du hast, kann jeder haben. Das, was du bist, kann keiner sein.

Diese Fragen verhelfen dir zu mehr Selbstliebe:

1. Welche zehn wundervollen Eigenschaften kenne ich von mir?
2. Was liebe ich ganz besonders an mir?
3. Auf welche Ereignisse und Erfolge bin ich rückblickend besonders stolz?
4. Was lieben meine Freunde besonders an mir?
5. Was macht mich liebenswert?
6. Was sind meine innersten Bedürfnisse?
7. Zehn Gründe, warum ich meine eigene Liebe verdient habe.
8. Was lässt meine Augen strahlen und macht mein Herz weit?

Ich hoffe, du hast bei dieser Übung erkannt, wie großartig und besonders du bist. Es gibt so viele Dinge, die dich liebenswert machen. Jetzt musst du dich nur noch selbst davon überzeugen.

Liebe ist Energie. Sie hebt alles Trennende auf – zu dir und zu deinen Mitmenschen. Liebe ist die Basis für ein glückliches Leben in Zufriedenheit. Du kannst dem anderen immer nur geben, was auch in dir selbst ist. Der Narzisst, der sich selbst ablehnt und hasst, geht genauso mit seinem Gegenüber um. Wir lehnen im anderen ab, was wir in uns ablehnen. Je liebevoller du also mit dir umgehst, desto liebevoller wirst du auch zu deinen Mitmenschen sein.

Solltest du Kinder haben, ist es ganz besonders wichtig, dass du Liebe für dich selbst empfindest, denn sonst kannst du deinen Kindern auch keine wirklich tiefe Liebe schenken. Selbstliebe ist somit essenziell für ein liebevolles und glückliches Leben.

SCHRITT 4:
WIE DU HEILUNG UND
FRIEDEN FINDEST

*Als ich damals meine ganzen Erfahrungen und die daraus
entstandenen Lebensenergien verstanden hatte, kam eine
Wut in mir hoch. Warum hatte man mir das angetan?
Warum hatten mir Menschen absichtlich geschadet und
warum hatte ich mir das gefallen lassen?*

Ja, die Wut richtete sich nicht nur gegen die anderen, sondern auch
gegen mich. Ich verstand das alles nicht und fühlte mich ungerecht
behandelt. Ich hatte das Glück, mit meinem Vater nächtelange Gespräche führen zu können, in denen ich ihm von meinem Schmerz
und meiner Wahrnehmung erzählte. Er hatte Verständnis und es tat
ihm leid. Vieles hatte er selbst nicht so wahrgenommen und sah die
Dinge ganz anders. Dennoch haben diese Gespräche gutgetan und
mich beruhigt.

Da meine Mutter bereits vor vielen Jahren gestorben ist, konnte
ein persönliches Gespräch mit ihr leider nicht mehr stattfinden. Aber
auch ihr habe ich alles in einem lan-
gen Brief erklärt. Das Aufschreiben
meiner Empfindungen und Verletzungen hat ein friedvolles Gefühl
in mir hinterlassen.

Eine Aussprache
mit den Eltern kann zur
Heilung beitragen.

Mit meinen Eltern bin ich heute im Frieden. Ich habe einen Blick
auf ihr eigenes Leben geworfen und dadurch ein Verständnis dafür
entwickelt, dass sie es gar nicht besser hätten machen können. Weil

sie es selbst nicht anders gelernt hatten, konnten sie mir das, was ich so dringend gebraucht hätte, gar nicht geben.

Mit meinem Ex-Mann geriet ich allerdings auch noch nach der Trennung andauernd aneinander und wir stritten wirklich viel. Meistens ging es um die Kinder, um nicht eingehaltene Termine, um Macht und Kontrolle seinerseits. Ich spürte, wie mich das immer mehr aussaugte und wie viel Energie ich dadurch verlor. Gleichzeitig fühlte ich, dass ich über den wiederkehrenden Ärger immer noch fest mit ihm verbunden war.

Ich hatte Angst vor seinen Attacken und somit wurde Stress mein Dauerbegleiter. Mit ihm kam ich einfach nicht zur Ruhe. Ich war häufig richtig sauer auf ihn, weil er mir und den Kindern das Leben so schwer machte, obwohl ich als alleinerziehende Mutter doch schon genug auszuhalten und zu managen hatte.

Eines Abends sah ich im Fernsehen eine Dokumentation über getrennte Familien. Der Coach Robert Betz wurde zu dem Thema interviewt, wie es innerhalb einer zerbrochenen Familie weitergehen kann. Ich traute meine Ohren nicht, als er sagte: „Hass, Rache und Streit verbindet Menschen manchmal enger als die Liebe. Über diese Gefühle wird ein unsichtbares Band aufgebaut, das niemanden wirklich freilässt, und so wiederholen sich die Dynamiken ein Leben lang."

> Hass, Rache und Neid verbinden uns oft stärker mit einem Menschen als Liebe.

Ich war schockiert! Ich verstand, was er mir sagen wollte, doch als er fortfuhr und erklärte, dass nur Vergebung einem den nötigen Frieden geben könne, wurde ich nachdenklich. Hatten wir uns durch unsere fortbestehenden Streitereien und seine Machtspielchen nie wirklich getrennt? Nach Freiheit fühlte sich das bei mir jedenfalls nicht an. Um dieses ganze Desaster zu beenden, musste ich ihm also vergeben? Unvorstellbar für mich! Er hatte mir und auch meinen Kindern viel zu viel angetan. Es arbeitete in mir, aber ich war noch nicht so weit.

Dann stieß ich auf ein Zitat, von dem ich gar nicht genau weiß, von wem es stammt. Es lautet ungefähr so: „Ich vergebe dir, nicht weil du deinen Frieden bekommen sollst, sondern weil ich meinen Frieden finden möchte." Da verstand ich, dass Vergebung der einzige Weg für mich war. Für mein freies und glückliches Leben musste ich mich erst einmal von den Menschen trennen, mit denen ich noch in Feindschaft verbunden war. Ich verstand, dass ich sonst niemals wirklich befreit sein würde.

Zu meinem eigenen Wohl machte ich verschiedene Vergebungsrituale, Übungen und Meditationen. Mein Ex-Partner hat davon nichts mitbekommen, außer dass ich danach die Ruhe selbst war. Ich bin auf keine Provokationen mehr eingegangen und habe nicht mehr mit ihm gestritten. Holte er die Kinder später oder gar nicht, habe ich mich gefreut, sie bei mir zu haben. Meinen Sinn für Gerechtigkeit tauschte ich gegen den Sinn für Frieden. So nabelte ich mich immer mehr ab. Heute bin ich im Frieden mit ihm.

> Wir vergeben dem anderen nicht, damit es ihm besser geht, sondern damit es uns selbst besser geht.

Verletzt er meine Kinder mit seinem Verhalten, tut mir das noch weh, aber ich vermittle nicht mehr zwischen ihnen. Meine Kinder sind nun alt genug, um selbst zu entscheiden, welchen Weg sie gehen möchten. Auch habe ich damit aufgehört, ihm Fehler, die er im Umgang mit den Kindern macht, zu erklären. Zum einen, weil er sein Verhalten ohnehin nicht ändert, zum anderen, weil ich mich als Mutter aus der Verbindung zurückziehen wollte. So kann nun jeder in dieser Familie entscheiden, wie er mit dem anderen umgehen möchte und was er in die jeweiligen Beziehungen stecken will – und was nicht. Denn eines ist klar: Das Leben gibt uns immer zurück, was wir geben, aber auch, was wir nicht geben.

Du verstehst erst die ganze Geschichte,
wenn du mit den Augen des anderen siehst.

Warum du deinen Eltern Verständnis entgegenbringen solltest

An meiner Geschichte kannst du sehen, wie wichtig es ist, sich von jeglichen Verletzungen zu befreien, die uns andere Menschen zugefügt haben. Deshalb nimm dir einmal ein paar Minuten Zeit und überlege dir, was du über die Kindheit deiner Mutter und deines Vaters weißt. Welche Liebe haben sie bekommen und welchen Schmerz mussten sie aushalten? Welche Schutzstrategien haben sie daraus entwickelt, die eventuell nicht förderlich waren? Warum haben deine Eltern so gehandelt?

Siehst du eine Verbindung zu dem, was sich in eurer Familie vielleicht schon seit Jahren wiederholt? Diese gilt es ab jetzt zu durchbrechen. Du hast im Laufe dieses Buches bereits ein Bewusstsein dafür entwickelt, dass du die Möglichkeit hast, vieles anders zu machen. Du bist in der Lage, deine Generation zu heilen und die ewigen Muster zu stoppen. Damit nimmst du dieses Erbe aus deiner Familie und überträgst es nicht weiter auf deine Kinder. Du kannst somit nicht nur dich selbst, sondern auch nachfolgende Generationen retten.

> Du kannst den Bann durchbrechen und eine neue Art der Liebe in deine Familie bringen.

Erkenne, was deine Eltern dir nicht geben konnten, du aber so dringend gebraucht hättest. Dieser Schmerz und diese Wunden dürfen jetzt geheilt werden.

Finde heraus, weshalb du so geworden bist, wie du bist:

1. Nach welchem Gefühl habe ich mich als Kind gesehnt?
1. Was hätten mir meine Eltern geben müssen?
2. In welchen Bereichen haben sie mich nicht geschützt oder unterstützt?
3. Welches Verständnis von Liebe haben sie mir vermittelt?
4. Wenn ich an meine Kindheit denke, welcher Schmerz kommt in mir hoch?
5. Hatten meine Eltern ein Recht dazu, mich so zu behandeln?
6. Was hätte ich als Kind viel mehr verdient?
7. Habe ich mich in meiner Ursprungsfamilie zugehörig gefühlt?
8. Bei wem habe ich mich zuletzt wirklich zugehörig gefühlt?
9. Wer hat mir das Gefühl geben können, das ich bei meinen Eltern schmerzlich vermisst habe?

Vielleicht sind diese Fragen für dich nicht so leicht zu beantworten. Nimm dir bitte ganz viel Zeit dafür. Wenn du magst, mach eine Meditation und verbinde dich mit deinem inneren Kind, seinen Gefühlen, Ängsten und Herzenswünschen. Oftmals haben wir diese Gefühle aus Selbstschutz verdrängt. Deshalb sei geduldig mit dir und versuche es immer wieder, bis du Antworten bekommst.

> Sei geduldig mit dir und lasse den Schmerz zu, der bei bestimmten Erinnerungen hochkommt.

Es kann sein, dass dein Unterbewusstsein auch über deine Träume mit dir kommunizieren möchte. Deshalb sei achtsam und wachsam. Lege dir einen Zettel auf deinen Nachttisch und notiere deine Träume, damit du dich daran erinnern und dann analysieren kannst, was sie dir zu verstehen geben möchten.

Hast du erkannt, was in deiner Kindheit nicht richtig gelaufen ist? Dann ist es nun an der Zeit, deinen Eltern zu vergeben. Du kannst ihnen zum Beispiel einen Brief schreiben, in dem du zuerst alles anklagst, was sie dir nicht gegeben haben, was du vermisst hast und wirklich dringend gebraucht hättest.

Keine Angst, du musst den Brief nicht abschicken. Es geht vielmehr darum, dass du das Geschehene für dich verarbeitest. Deshalb darfst du sie auch ruhig beschimpfen, beschuldigen, anklagen und verurteilen. Schreibe dir alles von der Seele, was du empfindest, du dich aber noch nie zu sagen getraut hast. Sollten Tränen kommen, dann lass sie zu. Das ist sogar sehr gut für den Heilungsprozess, weil du dann den Schmerz noch einmal durchlebst. Nur durchlebten Schmerz können wir loslassen, deshalb ist dieser Akt so heilsam.

Lasse sämtliche Gefühle zu. Wahrscheinlich wird dich das alles sehr aufwühlen, deshalb tröste dich danach und tue dir etwas Gutes. Lege dich in die Badewanne oder dusche ausgiebig. Wasser hat eine reinigende Energie. Es hilft dir dabei, wirklich loszulassen und alles Negative aus deinem Energiefeld zu spülen. Anschließend lege dich mit einer kuscheligen Decke und einer heißen Schokolade ins Bett oder gemütlich auf das Sofa und heile.

Damit du mit deinen Eltern Frieden schließt, nimm dir einige Zeit später noch einmal etwas Zeit und schreibe einen zweiten Brief, in dem du ihnen vergibst. Erkläre ihnen, dass es nicht okay war, was sie dir angetan oder einfach nicht gegeben haben, aber dass du nun siehst, dass sie es nicht besser konnten oder wussten und dass du ihnen deshalb vergibst. Befreie sie von allem, was dir widerfahren ist, und schicke ihnen Frieden.

> Schreibe deinen Eltern zunächst einen anklagenden Brief und anschließend einen, in dem du ihnen verzeihst.

Spüre, wie auch du beim Schreiben dieses Briefes zunehmend friedvoller wirst. Vielleicht hilft es dir, auch einen Brief aus Sicht deiner Mutter oder deines Vaters zu schreiben. Was würden dir deine Eltern wohl antworten wollen? Wie würden sie sich erklären? Was solltest du aus ihrer Sicht wissen?

Verbrenne hinterher die Briefe, damit du all das wirklich loslassen kannst und es dein System verlässt. Sollten deine Eltern schon gestorben sein, kannst du deren Brief auch auf den Friedhof bringen und dort vergraben oder ihnen vorlesen. Wichtig ist, dass du ganz bewusst all das Negative loslässt und dich davon befreist. Auch mit einer Vergebungsmeditation kannst du dich von allem befreien und deinen Frieden finden. Wie das geht, erfährst du unter www.katjademming.com/meditationen-buch.

Sollten deinen Eltern noch leben, kannst du das Gespräch mit ihnen suchen und ihnen deine Empfindungen spiegeln. Höre genau zu, was sie dir zu sagen haben – und bekommt alle ein bisschen mehr Verständnis füreinander. Wenn du es dir eher nicht zutraust, dieses Gespräch zu führen, dann zwing dich nicht dazu. Du kannst ihnen auch vergeben, ohne dass du direkten Kontakt zu ihnen aufnimmst. Wähle hier einfach die Praxis, die für dich am besten machbar ist.

> Sich selbst neu zu beeltern, ist ein Weg zur Heilung des inneren Kindes.

Der nächste Schritt ist nun, die eigene Verantwortung für dein Leben und dein Glück zu übernehmen. Es ist wichtig, dass du versuchst, dir das zu geben, was du als Kind so dringend gebraucht hättest. Die australische Narzissmus-Expertin Melanie Tonia Evans spricht hier von „Re-Parenting" oder „Self-Parenting". Du darfst dich ihrem Verständnis nach also „neu beeltern".

Neubeelterung ist ein Begriff aus der Psychotherapie. Hier wird nachträglich gezielt eine gesunde elterliche Fürsorge gegeben. Das bedeutet, dass du dir selbst die vermissten Gefühle, das Verständnis, die Liebe und die Unterstützung schenken darfst, die du in deiner eigenen Kindheit nicht erfahren durftest.

Mag sein, dass sich das für dich jetzt skurril anhört, aber in meinen Coaching-Sitzungen habe ich da bereits ganz große Erfolge gesehen, weil ewig klaffende Wunden sich endlich schließen können. Es bedeutet, dich selbst in den Arm zu nehmen und zu trösten. Du darfst dich beweinen für deine Vergangenheit. Du darfst auch wütend sein. Jedes Gefühl, das auftritt, ist richtig.

Schenke dir Verständnis und Trost und versprich dir, dass du dich selbst anders und besser behandelst, als deine Eltern es getan haben. Rede wohlwollend und liebevoll mit dir. Zeige Verständnis für dich und sei nicht so streng mit dir. Behandele dich einfach so, wie liebevolle Eltern sich um ihr Kind kümmern würden.

So kannst du dir selbst die Liebe geben, die du bei deinen Eltern vermisst hast:

1. Was gibt mir ein Gefühl von Zugehörigkeit?
2. Wie kann ich mir dieses Gefühl selbst geben?
3. Was bedeutet es für mich, wirklich geliebt zu werden? Wie fühlt sich das an?
4. Wie könnte ich mir diese Liebe selbst geben?
5. Nach welchem Gefühl bin ich innerlich süchtig geworden?
6. Wodurch kann ich mir dieses Gefühl selbst schenken?
7. Was haben mir meine Eltern versäumt zu sagen?
8. Was möchte ich mir deshalb selbst sagen?
9. Welche Eltern hätte ich wirklich gebraucht?
10. Wie kann ich mir nun selbst eine liebende Mutter/ein liebender Vater sein?

Liebe verbindet.
Vergebung befreit.

Wieso du deinem Ex-Partner vergeben solltest

Nach der Trennung solltest du deinen Ex-Partner bewusst loslassen, wenn du wirklich frei und glücklich sein möchtest. Wahrscheinlich beschäftigst du dich immer wieder mit ihm, erzählst anderen deine Kränkungsgeschichten, schmiedest Rachepläne oder versuchst, ihm sein Leben ebenfalls schwer zu machen. Auch wenn du in manchen Momenten glaubst, dass das deinen Wunsch nach Gerechtigkeit befriedigt, kann ich dir versprechen, dass am Ende nur du leiden wirst. Du hältst deinen Ex-Partner so nur unnötig in deinem Leben fest.

> Wut, Hass und Rache verbinden dich weiterhin stark mit dem Menschen, von dem du eigentlich loskommen möchtest.

Viele meiner Klienten versuchen verzweifelt, von diesem peinigenden Gefühl loszukommen. Sie hassen es, dass sie immer an ihn denken müssen und sich mit ihm und seinem Leben beschäftigen. Aber sie fürchten sich gleichzeitig auch ganz enorm davor, wirklich loszulassen.

Diese Ambivalenz zu durchbrechen, ist schwierig, denn sie ist uns oft gar nicht bewusst. Wir sabotieren uns selbst und merken es gar nicht. So bleiben wir in einem chemischen Prozess stecken, der das Suchtgefühl immer wieder neu entfacht. Wir strudeln in unserer Spirale immer tiefer, obwohl wir uns nichts mehr wünschen, als den Ex-Partner endlich aus unserem Gehirn zu verbannen.

Hand aufs Herz: Was tust du jeden Tag dafür, damit dein Ex in deinem Leben bleibt? Stalkst du ihn? Kontrollierst du ihn in den sozialen Medien? Hältst du an gemeinsamen Bildern fest? Suchst du nach Fotos oder Gegenständen, die dich an deinen Ex-Partner erinnern? Hältst du den Kontakt zu seinen Freunden oder zu seiner Familie krampfhaft aufrecht? Schaffst du es nicht, ihn überall zu blockieren, und wartest täglich auf ein Zeichen oder eine Nachricht von ihm? Erzählst du wieder und wieder deine Geschichte? Surfst du in Foren oder Narzissmus-Gruppen, um täglich mit dem Thema verbunden zu bleiben?

Dann muss ich dir jetzt leider sagen, dass du dich nicht zu 100 Prozent dazu entschieden hast, ihn zu verlassen. Wer sich so verhält, dem ist es wichtiger, dass er weiterhin mit seinem Ex-Partner verbunden bleibt, anstatt die eigene Freiheit zu erlangen. Ich weiß, dass Abschied wehtut. Ich weiß, dass du dann vielleicht nie wieder dieses Gefühl bekommst, das du am Anfang der Beziehung so sehr genossen hast. Ich weiß, dass es schmerzvoll ist, seinen Traum aufgeben zu müssen.

Doch wenn du nicht Abschied nimmst, wirst du weiter leiden und nicht aus deinem Schmerz herausfinden. Du wirst fest mit ihm verbunden bleiben, und das vielleicht sogar, obwohl er schon lange eine neue Partnerin hat. Mache dir bewusst, dass es keinen Sinn mehr hat, und entscheide dich dafür, von

> Indem du an ihm festhältst, stehst du deinem eigenen Glück im Weg.

ihm loszukommen. Erinnere dich daran, was er dir alles angetan hat und warum du dich ursprünglich für eine Trennung entschieden hast. Je länger du an ihm festhältst, desto länger verwehrst du dir dein eigenes, neues Glück.

Diese Fragen können dir dabei helfen, dich endgültig zu befreien:

1. Welches Gefühl kommt in mir hoch, wenn ich ihn jetzt vollkommen loslasse?
2. Wovor habe ich am meisten Angst, wenn ich die Verbindung trenne?
3. Welche Hoffnung müsste ich dann aufgeben?
4. Welcher Schmerz würde erneut in mir aufgerissen?
5. Welche unterschwellige Annahme von mir würde dadurch bestätigt?
6. Was würde ich unfassbar vermissen?
7. Wie könnte ich mir das selbst geben?
8. Wer könnte mich anfangs psychisch auffangen, bis ich mich stärker fühle?
9. Was muss ich alles verändern, damit ich wirklich loslassen kann?
10. Was oder wer könnte mich dabei unterstützen?

Um wirklich richtig loszulassen, musst du dich also zunächst aus tiefstem Herzen dafür entscheiden. Von Hass und Rache kannst du dich erst befreien, wenn du auch hier in die Vergebung gehst. Die Vorstellung schnürt dir sicher jetzt erst einmal den Hals zu. Ich erinnere mich noch sehr gut daran, dass ich selbst vier Anläufe nehmen musste, bis ich mich wirklich richtig trennen konnte. Innere Blockaden, Widerstände und Unwillen machten sich in mir breit und ließen die Vergebungsarbeit nicht zu.

Rückblickend kann ich aber sagen, dass mir mein Ex-Partner von dem Zeitpunkt an, als ich es endlich geschafft hatte, total egal war. Ihm zu vergeben, hat so einen großen Änderungsprozess in meinen Gedanken bewirkt, dass mich nichts mehr lange aufregen oder emotional berühren konnte. Leider habe ich diesen Schritt einige Jahre zu spät gemacht. Mir war einfach nicht bewusst, dass Vergebung den Weg aus meiner völlig verfahrenen Emotionswelt weisen konnte. Aus diesem Grund möchte ich dir dringend ans Herz legen, diese Vergebungsarbeit durchzuführen.

Genauso wie du es bei deinen Eltern gemacht hast, wiederholst du nun den gleichen Ablauf auch für deinen Ex-Partner: Zunächst schreibst du einen Anklagebrief, in dem du deine ganze Wut, den Schmerz, die Abwertung, die Beleidigungen, den Verrat, den Betrug, die Machtspiele, die Kontrolle, die Rache, die Verbitterung, die Verwirrung, die Angst, die Manipulationen und die Kränkungen notierst. Fühle dich beim Schreiben noch einmal in all diese Situationen ein und spüre den Schmerz, den sie hervorrufen. Lass ihn zu, durchlebe ihn.

Mache dir noch einmal bewusst, was dieser Mensch dir alles angetan hat, worunter du leiden musstest und wie viel du ertragen hast. Danach verbrennst du den Brief und zerstreust die Asche oder wirfst sie einfach weg. Ein Klient sagte mir, er könne die Asche nur in der Toilette herunterspülen, denn dort

Vergebung macht frei. Erst danach kannst du wirklich loslassen.

gehöre sie hin. Suche dir also deinen eigenen Platz dafür. Ganz so, wie es sich für dich richtig anfühlt.

Tröste dich danach, reinige dich von der belastenden Energie mit einem heißen Bad oder einer heißen Dusche oder mache einen langen Spaziergang in der Natur und erde dich. Danach tröste dich selbst wie ein kleines Kind. Nimm dich in den Arm für alles, was dir Schreckliches widerfahren ist. Sei dir selbst der beste Freund oder die beste Freundin.

Im nächsten Schritt und in deinem ganz eigenen Tempo schreibst du dann einen Vergebungsbrief. Erkläre dem Narzissten, dass es nicht richtig war, was er getan hat, und dass er dich missbraucht hat, aber dass du ihn nun davon freisprichst und ihm vergibst, um zur Ruhe zu kommen.

Dann lässt du ganz bewusst alle Vorwürfe gegen ihn los. Du kannst diesen Brief zerreißen, verbrennen oder laut vorlesen. Wichtig ist, dass du wirklich loslässt. Du wirst merken, wie sich ein befreiendes Gefühl in deiner Brust breitmacht. Jetzt ist es an der Zeit, noch eine Vergebungsmeditation zu machen. Solltest du sie am Anfang nicht komplett durchführen können, weil so viel Widerstand, Angst oder Wut in dir hochkommt, dann sei geduldig mit dir. Versuche es immer wieder, bis du es geschafft hast. Es wird dir guttun, du wirst sehen.

Nur wer loslässt, hat beide Hände frei — und ein Herz.

Warum du auch dir selbst vergeben solltest

In Coaching-Stunden spüre ich häufig, wie streng meine Klienten mit sich selbst sind. Sie verurteilen sich für ihre Fehler, für ihre Schwächen und für ihre Gefühle. Sie kämpfen einen inneren Kampf, den sie niemals gewinnen können, da sie viel zu hart mit sich ins Gericht gehen. Vielleicht sind sie diese Behandlung aus ihrer Kindheit gewohnt und übernehmen sie deshalb.

Oftmals ist es jedoch so, dass sie einfach keine Fehler machen wollen, damit sie für andere nicht angreifbar sind. Läuft es dann nicht so, wie sie es sich gewünscht haben, beginnt die innere Abwertung. Auf diese Weise wütet der Krieg in ihnen unermüdlich weiter. Sie verstehen nicht, warum sie trotz aller Vergebungsrituale, ihres kognitiven Verständnisses und der Einsicht immer noch nicht ruhiger werden und ihren Frieden finden.

Hier braucht es ein inneres Wohlwollen, Liebe zu sich selbst und auch die Bereitschaft, sich selbst zu vergeben. Die absolute Annahme

> Viele finden keinen inneren Frieden, weil sie zu hart mit sich ins Gericht gehen.

der eigenen Person ist unfassbar wichtig, um innere Ruhe zu bekommen. Mach dir also jeden Tag bewusst, wie du mit dir sprichst, was du von dir verlangst und wie du dich selbst häufig abwertest.

Mach dir Folgendes bewusst:
1. Du kannst niemanden retten außer dich selbst.
2. Du solltest mehr Verantwortung für dich selbst übernehmen als für andere.
3. Lass deinen Wunsch nach Gerechtigkeit los.
4. Heile deine Angst und tritt fürsorglich für dich ein.
5. Löse alle Verbindungen zu toxischen Menschen auf.
6. Komme bei dir selbst an und sei dir selbst der beste Freund.

Es ist unsagbar wichtig, dass du nicht nur allen anderen vergibst, sondern auch dir selbst – aus Liebe, Milde und Güte zu dir selbst. Vergib dir, dem Leben und allem, was du durchmachen musstest. Auch hier ist der Ablauf wieder der gleiche: Schreibe einen Brief an das Leben oder an dich und beklage alle Situationen, in denen es nicht gut für dich gesorgt hat. Beklage alles, was du nicht bekommen hast und was du durchleiden musstest.

Gehe auch hier wieder in den Schmerz und lasse alle Gefühle, die auftreten, zu. Befreie dich anschließend davon, indem du loslässt und den Wunsch nach Gerechtigkeit, Verständnis, Erkenntnis und Vergebung aufgibst. Nun verbinde dich mit dir selbst und verzeihe dir in einem weiteren Brief all deine Fehler, deine lieblose Selbstbehandlung, deinen inneren Kampf, deine falschen Hoffnungen, deine ständige Selbstanklage und deine destruktiven Gefühle.

Lasse alles gehen und dann – feiere dich. Feiere die Geburtsstunde deines neuen Ichs. Feiere deine Vergebung. Feiere die Entscheidung, von heute an nur noch für dich und auf deiner Seite zu sein. Versuche dich endlich als die wertvollste und einzigartigste Person deines Lebens zu sehen. Mach dir einen Prosecco auf und tanze durch die Wohnung. Nun beginnt ein neuer Lebensabschnitt. Alles, was dich ausgebremst und an deiner eigenen Potenzialentfaltung gehindert hat, hast du nun losgelassen. Du spürst, wie du immer stärker, liebevoller und friedvoller wirst. Das ist ein ganz besonderer Moment – genieße ihn!

> Man muss die negativen Gefühle zunächst bewusst durchleben, um sie im Anschluss vollständig loslassen zu können.

Nur wer sich vom Kummer befreit, kann glücklich werden.

Wie du Ruhe in dir selbst findest

Bei sich selbst anzukommen bedeutet, sich selbst auszuhalten. Findest du bei dir Ruhe oder gehörst du zu denen, die ständig beschäftigt und verabredet sind? Manche Menschen haben Angst davor, allein zu sein – denn dann trifft die äußere Leere auf ihre innere Leere. Je mehr du jedoch daran arbeitest, deine innere Leere zu füllen, umso angenehmer werden „Me-Time-Sessions", das heißt Momente, die du mit dir ganz allein verbringst. Diese braucht unsere Seele, um aufzutanken, sich zu sortieren und bei sich selbst anzukommen.

Nimm dir in jeder Woche oder besser noch täglich bewusst Zeit nur für dich. Anfangs nur zehn Minuten, in denen du in Ruhe einen Cappuccino an deinem Lieblingsplatz trinkst, ganz ohne irgendetwas zu tun: ohne Handy, ohne Buch, ohne Zeitung. Einfach dasitzen und den Geräuschen lauschen, den Kaffeegeruch genießen und in dich hineinhorchen.

> Gönne dir täglich liebvolle Auszeiten nur mit dir allein.

Während meiner Therapie bekam ich von meiner Psychologin die gleiche Aufgabe. Ich habe drei Monate gebraucht, bis ich die fünfzehn Minuten nach dem Mittagessen wirklich genießen konnte. Am Anfang habe ich in wenigen Minuten den Cappuccino getrunken und wollte danach gleich aufspringen. Ich überlegte mir ständig, was ich alles in dieser Zeit erledigen könnte, anstatt so faul herumzusitzen. Ich ließ mir die Hausaufgaben von den Kindern zeigen und kontrollierte sie schon mal, was natürlich gegen die Regeln war. Ich fühlte mich rast- und ruhelos. Ich hasste diese Aufgabe und verstand nicht, warum meine Psychologin sie mir gab.

Heute bin ich ihr von Herzen dankbar, denn diese Aufgabe war der Grundstock dafür, dass ich lernte, mich selbst wichtig zu nehmen. Mich anzunehmen, ohne etwas dafür leisten zu müssen. Ich verstand immer besser, dass Selbstliebe auch bedeutet, mit sich selbst allein sein zu können, und mit der Zeit fing ich wirklich an, das zu genießen.

Deshalb übernimm diese Aufgabe und integriere sie in deinen Alltag, damit du realisierst, dass du wichtig bist und etwas Gutes verdient hast. Klienten, die sich mein Programm bis hierhin gewissenhaft erarbeitet haben, empfinden diese Aufgabe als gar nicht so schwer. Sie haben schon gelernt, das wohlige

> Tue dir ganz bewusst etwas Gutes und belohne dich für deine Erfolge.

Gefühl mit sich allein zu genießen und versuchen, sich immer mehr „Me-Time" zu schenken.

Mache dir bewusst, was du alles tun kannst, um dich zu belohnen, wenn du etwas richtig gut gemacht hast oder vorangekommen bist. Zum Beispiel auch, wenn du viele Tage keinen Kontakt zum Narzissten hattest. Notiere, womit du dich erfreuen kannst, und schreibe alles auf, was dich persönlich glücklich machen könnte. Zum Beispiel:

- ein Prosecco-Bad
- ein leckeres Essen
- ein Waldspaziergang
- einen schönen Film im Kino ansehen
- durch die Wohnung tanzen
- dir einen Wunsch erfüllen
- ein gutes Buch oder eine gute Zeitung
- eine Meditation
- ein Kurzurlaub
- eine Freundin besuchen

Richte dir in deiner Wohnung einen Raum ein, der nur für dich ist. Vielleicht eine schöne kuschelige Ecke mit vielen Kissen oder einem wundervollen Sessel mit Kuscheldecke. Suche dir auf dem Sofa einen Platz, der dich immer daran erinnert, dass du wertvoll bist und nur das Beste verdient hast. Hier kannst du Kerzen aufstellen, schöne kleine Lichterketten aufhängen, Postkarten mit motivierenden Sprüchen dekorieren und frische Blumen hinstellen.

Dieser Ort sollte deine ganz persönliche, stärkende Oase sein. Hier kannst du ankommen, wenn du mit dir allein sein möchtest. Sie kann dir Kraft und Ruhe geben, um zu entspannen, aber auch, um dich zu trösten, wenn der Narzisst dich abermals verletzt hat. Denn in diesen Momenten brauchst du Halt, und den kannst du dir hier geben. Deshalb sollte es ein Platz voller Geborgenheit und Sicherheit für dich sein. Du kannst dort auch dein Tagebuch hinlegen und immer, wenn

> Freiheit, Selbstbestimmung und Glück sind nur möglich, wenn du bei dir angekommen bist und in dir innere Ruhe und inneren Frieden findest.

du etwas aufarbeiten musst, kannst du dich dorthin zum Schreiben zurückziehen.

Lerne dir alles selbst zu geben, was du sonst im Außen gesucht hast. Sicherlich fühlt sich das am Anfang etwas ungewohnt und vielleicht auch befremdlich an, aber du wirst mit der Zeit merken, wie gut du dir selbst dein bester Freund oder deine beste Freundin sein kannst und wie dich das dabei unterstützt, dich neu zu beeltern. (Warum das so wichtig ist, kannst du im Kapitel „Warum du deinen Eltern gegenüber Verständnis aufbringen solltest" nachlesen.) Mit der Zeit bekommst du immer mehr Zugang dazu, dass die wichtigste Person in deinem Leben du selbst bist.

Deshalb habe dich jeden Tag im Fokus. Sorge für dich. Achte auf dich und tue dir immer etwas Gutes. Du hast die ganze Liebe dieser Welt verdient. Es ist so schön, dass es dich gibt.

Stelle dir diese Fragen und beschließe, glücklich zu sein.

1. Wann bin ich besonders stolz auf mich?
2. Was fehlt mir noch, um aus tiefstem Herzen glücklich zu sein?
3. Was muss passieren, damit ich wirklich bei mir ankommen kann?
4. Was löst ein wohliges, warmes Gefühl in mir aus?
5. Welche Einstellung bringt mich zu meinen Zielen?
6. Wer könnte mir ein Vorbild sein, um meine Ziele schneller zu erreichen?
7. Warum bin ich ein wundervoller und wertvoller Mensch?
8. Wo kümmere ich mich immer noch zu wenig um mich?

Die Seele kann nur heilen,
wenn der Schmerz gegangen ist.

Welche Heilungsrituale dich vom Schmerz befreien

Schmerz heilt erst mit den Jahren. Daher brauchen wir Geduld und Liebe für uns selbst, damit wir nach und nach genesen können. Außerdem kommt der Schmerz auch Jahre später gerne noch einmal hoch und erinnert dich an alles, was du erleiden musstest. Insbesondere in Folgebeziehungen zeigen sich häufig die schmerzhaften Verletzungen aus den toxischen Beziehungen.

Je mehr du versucht hast, den Schmerz zu verarbeiten, durch ihn durchzugehen und zu heilen, desto weniger wird er dich langfristig peinigen. Manchmal rutschen wir jedoch von der einen in die nächste Beziehung und haben kaum eine Chance, die gemachten Erfahrungen wirklich zu verarbeiten. Mit ziemlich großer Wahrscheinlichkeit werden sie dich in der neuen Beziehung dann wieder einholen.

> Manchmal tragen wir die Verletzungen aus vergangenen toxischen Beziehungen mit in eine neue Partnerschaft.

Bei mir war es so, dass ich nach toxischen Beziehungen mit jahrelangen Bindungsverletzungen durch ständige Affären meinem neuen Partner nicht wirklich vertrauen konnte. Ständig zweifelte ich seine Aussagen an und kontrollierte, ob seine Angaben auch stimmten. Ich hatte immer Angst, dass er mich auch betrügen könnte.

Zum Glück traf ich auf einen sehr verständnisvollen Menschen. Ich erklärte ihm, dass ich noch nie eine Beziehung hatte, in der ich nicht betrogen worden war. Er verstand das und fragte mich, wie er mir dabei helfen könnte, ihm mehr zu vertrauen. Ich antwortete, dass mir seine absolute Transparenz guttun würde.

Daraufhin legte er seine Handys auf den Tisch und sagte, dass ich da jederzeit hineinschauen könne. Er habe nichts zu verheimlichen und er sei auch nicht böse, wenn ich sie kontrollieren wolle. Hatte er Termine, rief er mich immer vorher und nachher direkt an. Er war oft bei mir, und wenn nicht, dann telefonierten wir stundenlang. Nach kurzer Zeit beruhigte sich der Stresspegel, den ich noch so gut aus toxischen Beziehungen kannte, in mir. Ich entspannte mich nach und nach und fing an, meinem neuen Partner immer mehr zu vertrauen.

Trotzdem holte mich meine Geschichte noch einmal ein: Mein Freund musste zu einer Veranstaltung und ich war eifersüchtig, weil eine Frau, die mich irgendwie misstrauisch machte, mit ihm dorthin fuhr. Mein Freund beruhigte mich immer wieder, aber irgendwie kam es gar nicht bei mir an. Ich verhielt mich völlig irrational, als ob meine Sicherungen durchgebrannt wären. Ich steigerte mich minütlich weiter rein.

Als der Tag kam und mein Freund sich verabschiedete, wurde ich krank, bekam Schüttelfrost und Fieber. Ich war am Ende, lag in meinem Bett, war wütend und enttäuscht und bedauerte mich entsetzlich. Doch dann fragte ich mich plötzlich, warum ich meinem Freund misstraute, wo er mir doch nie einen Anlass dazu gegeben hatte? Ich verstand, dass in diesem Moment ganz alte Wunden hochkamen, die nun geheilt werden wollten.

Zunächst schrieb ich mir deshalb einen ganz langen Brief. Ich bedauerte mich dafür, was ich im Leben alles hatte aushalten müssen. Ich klagte meine Ex-Partner dafür an, dass ich durch ihr betrügerisches Verhalten auch heute noch Vertrauensprobleme hatte und deshalb meine wundervolle Partnerschaft nicht ge-

> Du musst den Schmerz noch einmal durchleben, um ihn heilen zu können.

nießen konnte. Eifersucht und Kontrolle waren durch die schlechten Erfahrungen ein Teil meines Lebens geworden, obwohl ich das verabscheute. Ich schrieb alles auf, was ich durch meine toxischen Beziehungen auch nach Jahren noch auszuhalten hatte. Danach legte ich mich in die Badewanne und weinte eine Stunde lang. Ich weinte und weinte, bis keine Tränen mehr da waren.

Ich brachte mir Selbstmitgefühl entgegen. Ich klagte mich für mein Verhalten nicht länger an, denn ich verstand, dass es das Resultat des toxischen Missbrauchs anderer Menschen war. Ich schenkte mir zum ersten Mal in meinem Leben Mitgefühl und trauerte um mich und um das, was mir widerfahren war. Danach öffnete ich den Stöpsel der Wanne und das Wasser und meinen Tränen flossen langsam hinaus. Je weniger Wasser in der Wanne war, desto mehr kam die Schwerkraft zurück. Langsam spürte ich mich wieder.

Ich trocknete mich ab und legte mich in eine große, kuschelige Decke gehüllt ins Bett. Nachdem ich einige Zeit geschlafen hatte, beschloss ich, mich von diesem alten Leben mit all seinen Verletzungen zu verabschieden. Ich suchte alles zusammen, was ich noch von meinen vergangenen Beziehungen hatte: alte Briefe, Fotos, Geschenke, Stofftiere und Kleidungsstücke. Ich trug es nach draußen und legte es in meinen Feuerkorb. Danach verbrannte ich alles, und es hat sich verdammt gut angefühlt. Mir Selbstmitgefühl, Verständnis und Trost zu schenken, war ein ganz wichtiger Heilungsschritt. Bitte schenke auch dir dieses Selbstmitgefühl. Es ist so heilsam!

Ebenso können Beerdigungsrituale dabei helfen, abzuschließen. Dazu packst du alle Erinnerungen, die du noch von deinem Ex-Partner hast, in einen Schuhkarton oder eine Kiste. Anschließend gräbst du draußen ein ganz großes Loch und machst dir beim Graben bewusst, wie verletzend man zu dir war. Lass deine Wut ruhig mit jedem Spatenstich heraus. Stell es dir bildhaft wie eine Beerdigung vor. Der Ex-Partner wird aus deinem Leben genommen und der Erde übergeben. Damit existiert er für dich nicht mehr. Er ist für dich gestorben. Somit kannst du dir bei jedem Gedanken an ihn oder wenn du versucht bist, ihm zu schreiben, sagen: „Er ist tot und für mich nicht mehr greifbar.

> Du kannst die Erinnerungen an deinen Ex-Partner symbolisch vergraben und sie so endgültig loslassen.

Ich brauche keinerlei Verbindung zu ihm aufrechtzuerhalten. Ich bin jetzt frei und baue mir ein neues Leben auf."

Heilung durch Meditation ist eine weitere sehr erfolgreiche Methode. Wir setzen so unser Unterbewusstsein davon in Kenntnis, dass wir etwas verändern wollen. Gleichzeitig bekommen wir einen Zugang zu unseren Wunden und können diese heilen.

Der renommierte US-Neurowissenschaftler Dr. Joe Dispenza hat herausgefunden, dass wir durch Meditation über den analytischen Geist hinaus Zugang zu unserem Unterbewusstsein bekommen. Dort sitzen alle schlechten Gewohnheiten und Verhaltensweisen, die verändert werden wollen. Ohne Meditation und die Heilung des Unterbewusstseins ist meiner Meinung nach eine Befreiung von toxischen Beziehungen kaum möglich. Deshalb integriere ich Meditationen fest in mein Coaching-Programm.

Über Energiearbeit hast du zusätzlich die Möglichkeit, anderen Menschen Frieden oder Liebe zu schicken. Das versöhnt dich unge-

> Meditation und Energiearbeit können ebenfalls zur inneren Heilung beitragen.

mein mit dir und deiner Umwelt. Du setzt dich dazu einfach an einen ruhigen Platz, verbindest dich innerlich mit einer Person und denkst an sie. Du schickst ihr liebe- und friedvolle Gedanken, vergibst ihr eventuell auch noch einmal und sagst ihr, dass ihr beide wundervolle Menschen seid, aber dass eure Seelen nicht füreinander bestimmt waren.

Gestehe dir ein, dass ihr lediglich eure inneren Wunden immer wieder aufgerissen habt und euch damit mehr geschadet als gutgetan habt. Du kannst diese Person dann freigeben, ihr Liebe schicken und Heilung wünschen. Auch dieses Ritual kann sehr befreiend und heilend sein. Probiere einfach aus, was für dich am besten funktioniert und dir langfristig guttut. Jeder geht diesen Weg auf seine Weise.

SCHRITT 5: WIE DU DIR EINE NEUE ZUKUNFT AUFBAUST

Der größte Fehler nach meiner gescheiterten Ehe war, dass ich nichts von dem, was mir passiert war, hinterfragt habe und so schnurstracks wieder in eine toxische Beziehung geraten bin. Rückblickend weiß ich, dass alles seinen Grund hatte.

Das Leben macht uns in Form von Leid und Krisen auf unsere Missstände aufmerksam. Schaut man sich diese Missstände aber nicht genauer an und löst sie nicht für sich auf, wird uns das Gleiche mit ziemlich hoher Wahrscheinlichkeit wieder passieren.

> Wenn du deine eigenen Themen nicht aufarbeitest, wird dir im Leben immer wieder das Gleiche passieren.

Daher ist es enorm wichtig, dass du dich nach einer Trennung zurückziehst und genauer betrachtest, was dir da eigentlich passiert ist – und vor allem, warum. Viele stürzen sich von einer in die nächste Beziehung und hoffen darauf, dort die wahre Liebe zu finden. Sie denken, dass sie sich nur den falschen Partner gesucht haben und dass mit einem anderen alles viel besser wird. Aber das ist ein Irrglaube.

Zu einer Beziehung gehören immer zwei Personen, und jede trägt ihren Anteil dazu bei, dass sie funktioniert. Um deinen Anteil musst du dich jedoch selbst kümmern, wenn du dir eine erfüllte Beziehung wünschst. Ansonsten bleibt alles gleich – ganz egal, welchen Partner du an deiner Seite hast.

Mir wurde irgendwann bewusst, dass ich mich in meinen Beziehungen viel zu sehr vernachlässigt hatte. Ich sprach anderen mehr Wert, mehr Vertrauen und mehr Urteilsvermögen zu als mir selbst. Ich war von meinem inneren Wert, meinem Selbstvertrauen und meiner Liebe zu mir nicht wirklich überzeugt. Es war mir nicht bewusst, wie gut ich war und was ich alles schon geschafft und umgesetzt hatte. Deshalb war die Therapie, in der ich mich selbst besser kennenlernen durfte, mein wichtigster Wachstumsschritt.

Wie gut kennst du dich? Bewunderst du dich? Bist du verliebt in dich? Bist du überwältigt von all deinen Fähigkeiten, Charaktereigenschaften und Handlungen? Keine Sorge, das ist nicht narzisstisch, das ist die Basis für eine gesunde Beziehung zu dir selbst. Denn so musst du von deinem Partner weder erhöht noch geheilt oder vervollständigt werden. Du kannst eigenständig leben und fest auf beiden Beinen stehen. Dein Partner tritt dann zu deiner Lebensbereicherung noch an deine Seite. Solltet ihr euch irgendwann nicht mehr bereichern, kann er von deiner Seite wieder wegtreten, ohne dass du zusammenbrichst.

> Lerne dich zunächst selbst besser kennen und lieben, bevor du eine neue Beziehung eingehst.

Ich hoffe, du verstehst den Unterschied und siehst auch den Sinn darin, erst einmal auf dich selbst zuzugehen, dich besser zu verstehen, dich zu heilen und zu stärken. Erst danach kommst du wirklich im Leben an und fühlst dich frei. Diese innere Liebe zu dir und deine neu gewonnene innere Stärke strahlst du dann auch aus und ziehst damit ähnliche Menschen an. Keine Menschen mehr, die dich brauchen, damit du sie erhöhst, sondern Menschen, die ihren eigenen Wert kennen, in sich ruhen und die Zeit mit dir einfach genießen wollen. In solchen Beziehungen findet kein seelischer Missbrauch mehr statt.

Wer seinen eigenen Wert kennt, lässt sich nicht mehr von anderen entwerten. Das ist die Versicherung dafür, dass du nicht mehr an toxische Menschen gerätst. In diesem Kapitel möchte ich dein Bewusstsein genau dafür noch einmal schärfen.

*Ich trenne mich von dem Leben, das ich habe,
um das Leben zu erschaffen, das ich verdiene.*

Wie du dir eine neue Lebensvision erschaffst

Viel zu lange hast du unbewusst dein Leben gelebt. Doch das geht jetzt nicht mehr. Du hast dieses Buch gelesen und merkst bereits, wie es in dir arbeitet. Ganz sicher steckt nun der starke Wille in dir, nicht einfach so weiterzumachen, sondern bewusster zu leben und deine Situation zu verbessern. Ich hoffe, du hast wirklich verstanden, dass du allein für dein Glück verantwortlich bist und du aus der Opferrolle heraustreten kannst, um Verantwortung für dich selbst und für dein Leben zu übernehmen.

Durch die Erkenntnisse aus unserer Kindheit können wir heute unser Leben verbessern.

In dem Buch „Es ist nie zu spät für eine gute Kindheit" von Susanne Marx geht es genau darum, dass wir in unsere Eigenverantwortung gehen müssen – und dass die Kindheit uns etwas lehren wollte, wodurch wir unser Erwachsenenleben positiv verändern können. Denn wer aus seiner Kindheit lernt und sein Leben dementsprechend verändert oder verbessert, hat rückblickend eine gute, weil lehrreiche Zeit gehabt.

Dank all deiner Erfahrungen und Erkenntnisse bist du nun in der Lage, dein Leben zu erschaffen. Ein Leben, das dir gefällt, dich stärkt und glücklich macht. Dann hatte all dein Leiden auch einen Sinn.

Hier sind ein paar Ideen, wie du deinem neuen Leben auf die Spur kommst:

1. Wie sieht mein Traumleben aus?
2. Was müsste passieren, damit ich Glück empfinden kann?
3. Was möchte ich alles erleben, bevor ich irgendwann sterbe?
4. Wenn ich mit neunzig Jahren auf mein Leben zurückblicke, was möchte ich dann sehen? Wie möchte ich mich wahrnehmen?

5. Was sind meine fünf wichtigsten Ziele in meinem zukünftigen Leben?
6. Was würde ich gerne auf dieser Erde hinterlassen?
7. Welches Versprechen möchte ich mir heute geben?
8. Wie möchte ich mich ab sofort besser um mich kümmern?
9. Wie soll mein Leben in Zukunft aussehen?
10. Welche Menschen werden mich dabei begleiten?

Je konkreter und detaillierter du dir dein Leben vorstellst, desto einfacher kannst du diese Ziele erreichen. Starke emotionale Verbindungen zu deinen Wünschen bekommst du zum Beispiel, indem du dir ein „Vision Board" bastelst. Du kannst dort Menschen aufkleben, die dir Vorbild oder Inspiration sind. Du kannst Orte ausschneiden, die du gerne besuchen möchtest. Du kannst

Klare Visionen von deinem Leben bringen dich schneller ans Ziel.

Bilder von glücklichen Paaren, Familien, Angestellten oder Personen darauf verewigen, weil du dieses Glück auch fühlen möchtest.

Veranschauliche mit Bildern alles, was du unter Glück verstehst. Klebe alle Fotos oder Bilder auf, die das Leben widerspiegeln, das du dir für dich selbst wünschst. Dafür kannst du zum Beispiel ganz viele Zeitschriften, Reisekataloge, Lifestylemagazine und Illustrierte für Persönlichkeitsentwicklung sammeln und die Fotos, die dein Herz berühren, ausschneiden. Vielleicht findest du noch den einen oder anderen inspirierenden Spruch oder verschiedene Zitate, die deine Vision unterstützen? Dann klebe sie ebenfalls auf.

Hänge dieses Vision Board an einen Platz, an dem du es jeden Tag sehen kannst. Dein Unterbewusstsein wird es verinnerlichen und an der Erfüllung deiner Träume arbeiten, ohne dass du etwas davon merkst. Ich selbst habe ein flexibles Vision Board. Ich hänge meine Bilder auf Leinen auf, und wenn sich etwas erfüllt hat, dann nehme ich diesen Wunsch ab und hänge einen neuen hin.

Vor zwei Jahren habe ich mir gewünscht, einmal ein Buch schreiben zu dürfen. Nun ist es tatsächlich passiert. Es ist nicht das erste Mal, dass sich für mich etwas erfüllt, was zunächst unerreichbar schien. Ich kann dir diese Technik sehr ans Herz legen. Es erfüllt sich, was du dir wünschst, und nebenbei macht es noch ungemein Spaß.

Solltest du Kinder haben, ist es ratsam, auch hier einmal genauer hinzuschauen. Jetzt wo du weißt, wie du erzogen wurdest und was vielleicht nicht richtig oder gut gelaufen ist in deinem Leben, solltest du deine negativen Erfahrungen unbedingt noch genauer analysieren. Denn alles, was dir aus deiner Erziehung nicht bewusst auffällt, übernimmst du und gibst es automatisch an deine Kinder weiter. Ich bin mir sicher, dass du das nicht möchtest. Deshalb nimm die Erkenntnisse über deine Ursprungsfamilie noch einmal genau unter die Lupe.

> Mache dir bewusst, welche Werte deiner Eltern du auf keinen Fall an deine Kinder weitergeben möchtest.

Finde heraus, wie du mit deinen Kindern und deiner Familie leben möchtest:

1. Was haben meine Eltern mir für Werte vermittelt? Möchte ich diese an meine Kinder weitergeben?
2. Welche ihrer Glaubenssätze möchte ich für mein Leben nicht übernehmen?
3. Welches Lebensmodell wähle ich für mich und meine Familie?
4. Welche Werte sind uns als Familie wichtig?
5. Was möchte ich meinen Kindern unbedingt vorleben?
6. Welche Botschaften möchte ich meinen Kindern mitgeben?
7. Wie kann ich Leichtigkeit und Glück in mein Leben und in die Familie bringen?
8. Welchen Erziehungsstil meiner Eltern möchte ich in keinem Fall anwenden?

9. Wie möchte ich stattdessen erziehen?
10. Welche Freude möchte ich täglich mit mir, meinem Partner und meinen Kindern erleben? Wie kann ich das umsetzen?

Du siehst, je konkreter du auch hier wirst, desto leichter und gezielter kannst du die Veränderung herbeiführen. Habe dennoch Geduld mit dir. Auch das ist ein Prozess, bei dem du nicht von heute auf morgen alles auf einmal verändern kannst. Ich habe manche Vorsätze und Ziele wieder über den Haufen geworfen, weil ich sie in der Anwendung nicht für gut oder später nicht mehr für erstrebenswert gehalten habe. Entscheide immer neu. Manchmal müssen wir erst ein paar Schritte gegangen sein, um zu sehen, was für uns passt und was nicht stimmig ist.

Weder dein Leben noch deine Vorsätze sind in Stein gemeißelt. Bleib flexibel und neugierig.

Die einzige wichtige Verbindung, die du bei allem aufrechterhalten solltest, ist die Verbindung zu deinem Bauchgefühl. Es weiß immer, was gut und richtig für dich ist. Fühlt es sich komisch an, dann lass es lieber und probiere etwas anderes aus. Lass dich in deinen Entscheidungen aber nicht mehr vom Außen beeinflussen, denn es weiß niemand außer dir, was wirklich gut für dich ist. Das Leben ist ein Abenteuer – dein Abenteuer.

Wer aus der Erfahrung lernt, hat die Weisheit,
in Zukunft weniger Fehler zu machen.

Welche Erwartungen du an deinen nächsten Partner stellen solltest

Wer immer wieder in toxischen Beziehungen landet, ist oft dauerhaft anfällig für solche Menschen. Noch heute ertappe ich mich dabei, dass ich viele Menschen, bei denen ich später hohe narzisstische Anteile entdecken kann, auf den ersten Blick supersympathisch finde. Dieses Grundbedürfnis, gesehen und angenommen zu werden, was ich mir von meinem Vater und meinen Ex-Partnern so gewünscht habe, ist beim ersten Kennenlernen sofort präsent. Da ich aber um diese Schwäche weiß, bin ich mittlerweile eher vorsichtig geworden und lasse mir mehr Zeit, bis ich Menschen wirklich in mein Herz lasse. Ich warte erst einmal ab und lerne sie behutsam kennen. Dennoch: Dieser erste Impuls ist immer noch in meinem emotionalen Gedächtnis vorhanden.

Meistens gibt es in deinem Leben nicht nur einen Narzissten.

Vielleicht ist es bei dir ähnlich. Schau doch einmal in dein Handy und prüfe alle deine Kontakte darauf, wie hoch der Anteil ihrer narzisstischen Züge sein könnte. Ich war damals sehr überrascht, wie viele Freunde ich hatte, die mich ausnutzten oder abwertend behandelten.

Ich beschloss, alle Kontakte, die mir nicht guttaten, nach und nach zu beenden. Auch das gab mir wahnsinnig viel neue Kraft, da ich nun viel häufiger Zeit mit den Menschen verbrachte, die sich mir gegenüber wohlwollend verhielten. Solltest du dich nach einem Gespräch mit einem Menschen schlechter fühlen als vorher, dann kannst du davon ausgehen, dass du es mit einer toxischen Person zu tun hast. Toxische Menschen sind Energievampire. Sie saugen dich aus. Von ihnen solltest du dich besser trennen.

Natürlich macht es dir die Eigenschaft, dass du narzisstische Menschen am Anfang attraktiv findest, schwerer, einen geeigneten Partner zu finden. Achte bitte hier von vornherein auf alle Anzeichen – sogenannte „Red Flags" –, die auf einen Narzissten hindeuten, und fliehe so schnell du kannst, sollten sie bei einem potenziellen neuen Partner sichtbar werden.

Red Flags: Anzeichen für narzisstische Menschen

1. Love Bombing – er überschüttet dich in der Anfangsphase mit Liebe.
2. Future Faking – viel zu früh wird über Zukunftspläne wie Heirat, Zusammenziehen, gemeinsame Kinder gesprochen.
3. Spiegel: Er versteht dich, hat die gleichen Interessen wie du, fühlt sich seelenverwandt an.
4. Alles ist zu schön, um wahr zu sein: Du fühlst dich wie in einem romantischen Film.
5. Es kommt schnell zu einer tiefen sexuellen Intimität – keine ist so toll wie du.
6. Er ist sehr charmant und beliebt und wickelt Menschen um seinen Finger.
7. Böse Ex-Partner gehören zu seinem Leben.
8. Immer wieder zeigt er dir seine problematische Kindheit auf.
9. Er ist ein notorischer Lügner.
10. Er hat dir und seinen Mitmenschen gegenüber starke Gefühle von Hass, Neid und Eifersucht und wertet diese ab.
11. Sein großes Ego muss er immer wieder zur Schau stellen.
12. Er ist permanent untreu.
13. Er lehnt Zusammentreffen an Feiertagen und Geburtstagen ab und versucht sie zu zerstören.

14. Sein Image ist ihm total wichtig, die Fassade nach außen muss stimmen.
15. Um Macht und Kontrolle über alles zu haben, manipuliert er sein Umfeld.
16. Er bedient sich der Triangulation und Flying Monkeys (siehe Seite 63).
17. Es fehlt ihm an Empathie, er kann sich in niemanden hineinversetzen und ist humorlos.
18. Er kann mit Krankheiten und Schwäche nicht umgehen, ist nicht für dich da, wenn es dir schlecht geht.
19. Gaslighting (siehe Seite 60) sorgt für Realitätsverlust bei dir.
20. Ghosting (siehe Seite 62): Er taucht ab und meldet sich nie mehr bei dir, du kannst nicht abschließen.
21. Nach einer Trennung versucht er mit allen Mitteln, dich zurückzugewinnen, und überschreitet dabei deine Grenzen.
22. Silent Treatment: Er bestraft dein Fehlverhalten mit Ignoranz.

Du kannst auch eine Liste erstellen, in der du notierst, wie dein neuer Partner sein soll. Diese Liste gleichst du dann mit den Menschen ab, die du kennenlernst. Erfüllt der mögliche neue Partner diese Kriterien, kannst du dich auf die neue Beziehung einlassen. Gerade in der ersten Verliebtheitsphase gibt dir diese Liste sehr viel Vertrauen und Sicherheit.

Achte ganz genau darauf, ob dein Gegenüber dir guttut oder deine Energie aussaugt.

Mit der Zeit brauchst du die Liste nicht mehr, da du immer besser weißt, was du möchtest und was nicht. Kommst du gerade aus einer toxischen Partnerschaft, dann weißt du vielleicht noch gar nicht, wie dein neuer Partner sein sollte, da du noch nichts Besseres kennengelernt hast. In diesem Fall schreibst du dir auf, wie er auf keinen Fall mehr sein sollte, und kehrst das dann ins Gegenteil um.

Ich möchte dir das an meinem Beispiel kurz verdeutlichen:

Wie meine Ex-Partner waren	Wie mein neuer Partner sein soll
Haben mich betrogen	treu
Haben mich belogen	ehrlich
Empfanden Kinder als Belastung	kinderfreundlich
Hielten nie ihr Wort	zuverlässig
Werteten mich ab	respektvoll
Hatten kein Verständnis für mich	empathisch
Zeigten keine Gefühle	liebe- und gefühlvoll
Konnte ihnen nicht vertrauen	vertrauenswürdig
Egoistisch bis egozentrisch	altruistisch
Hatten nie Zeit für mich	investiert Zeit in die Beziehung
Waren geizig	kann finanziell für sich selbst sorgen

Vor zehn Jahren habe ich auch so einen Zettel geschrieben. Ich hatte klare Vorstellungen davon, wie mein neuer Partner sein sollte. Interessanterweise fiel mir dieser Zettel beim letzten Umzug vor vier Jahren wieder in die Hände und ich stellte fest, dass mein jetziger Partner alle meine damaligen Wünsche erfüllt.

Intuitiv suchen wir im Leben nach dem, was wir haben wollen – wir müssen nur zuerst genau wissen, was das ist. Manche sagen, sie bestellen es sich beim Universum. So programmieren wir unser Unterbewusstsein exakt auf das, was wir wirklich wollen, und können es dadurch später auch finden. Gib dich deshalb in Zukunft auf keinen Fall mit weniger zufrieden. Du solltest deinen eigenen Wert unbedingt kennen und dich für ihn einsetzen.

> Wir suchen im Leben intuitiv nach dem, was unser Herz sich wünscht.

Lass folgende Gedanken bitte einmal in Ruhe auf dich wirken:

- Ich bin nicht verantwortlich für die Gefühle anderer Menschen.
- Ich mache mein Selbstwertgefühl nicht mehr von anderen abhängig.
- Ich bin es wert, zutiefst geliebt zu werden.
- Ich darf Fehler machen, und dennoch bin ich richtig und gut.
- Ich bin selbst dafür verantwortlich, dass ich glücklich bin.
- Ich lasse mich nie mehr beleidigen und abwerten.
- Ich bin für dein Leben nicht verantwortlich.
- Ich sorge gut für mich, weil ich es mir wert bin.
- Ich lasse alles los, was mir nicht guttut und mir nicht mehr dienlich ist.
- Ich habe Liebe verdient. Ich muss sie mir nicht erarbeiten.
- Ich bin gut, so wie ich bin. Egal, was andere über mich sagen.
- Ich darf Grenzen setzen. Wem das nicht passt, der ist nichts für mich.
- Mein Leben ist kostbar. Ich bin dafür verantwortlich.

Diese Gedanken sorgen für einen sogenannten „Mindshift" in dir: Du ersetzt negative Gedanken durch positive und bringst dadurch deine Gedanken auf ein besseres Level. Du gewinnst an Wert und deine innere Stärke spricht aus jeder Zeile. Vermutlich konntest du viel zu lange überhaupt nicht so denken. Vielleicht geht es auch jetzt noch nicht problemlos. Dann nimm diese Liste bitte immer wieder zur Hand oder hänge sie dir an den Spiegel.

Lies sie jedes Mal beim Zähneputzen, bis du verinnerlichst, was du in diesem Leben alles verdient hast. Tritt nicht mehr für weniger ein. Dieses Versprechen solltest du dir jetzt, hier und heute geben. Je mehr du das alles verinnerlicht hast, desto größer wird deine Chance, einen wundervollen Partner anzuziehen und eine liebvolle Beziehung leben zu können.

Wer in der Hölle saß,
möchte gern im Himmel tanzen.

Welche Fehler du nicht mehr machen möchtest

Frage dich einmal ganz konkret, was du unter einer Beziehung verstehst. Lange war ich der Meinung, dass mich eine Beziehung komplettiert und mir Sicherheit und Wertigkeit gibt. Viele neue Erkenntnisse und mein Weg zu mir selbst konnten mich glücklicherweise von dieser Annahme befreien.

Heute habe ich ein ganz anderes Verständnis von Beziehung: Es ist ein gegenseitiges Geben und Nehmen, das ausgeglichen sein sollte. Klar gibt es Phasen, in denen der eine mehr gibt als der andere. Aber dann gibt es auch wieder Zeiten, in denen es genau umgekehrt ist.

Das Zeichen einer gesunden Beziehung ist ein ausgeglichenes Geben und Nehmen zwischen den Partnern.

In meiner jetzigen Beziehung erlebe ich zum ersten Mal, dass mein Partner so richtig stolz auf mich ist und mich in allem, was ich tue und auch in meiner Selbstständigkeit sehr unterstützt. Dieses Gefühl kenne ich weder aus meiner Kindheit noch aus meinen früheren Beziehungen. Gleichzeitig stehe auch ich meinem Partner zur Seite, helfe und fördere ihn, wo ich nur kann. So wachsen wir gemeinsam, entwickeln uns als Paar und auch als Individuen weiter. Wir genießen unsere Beziehung voll und ganz.

Welches Verständnis von Partnerschaft hast du derzeit und inwiefern möchtest du es für dich positiv verändern?

1. Wessen bin ich mir in meinen ehemaligen Beziehungen bewusst geworden?
2. Was war gut daran und was war nicht richtig?
3. Was möchte ich in zukünftigen Beziehungen verändern?
4. Worauf will ich meinen Fokus legen?
5. Wenn mein Kind mich fragt, was das Wichtigste in einer Beziehung ist, was würde ich ihm antworten?

Sei dir bitte darüber im Klaren, dass auch eine gesunde oder normale Beziehung verschiedene Phasen durchläuft. Oftmals sind wir traurig, wenn die wundervolle Verliebtheitsphase aufhört und der Alltag langsam einkehrt. Nach drei bis 18 Monaten – so Paartherapeut Dr. Roland Weber – endet diese erste Verliebtheitsphase, und dann geht sie in die nächste Phase über, in der die Schmetterlinge im Bauch langsam verschwinden und durch die Realität ersetzt werden.

Für Menschen, die aus toxischen Beziehungen kommen, ist das ein Zeitpunkt, der sie häufig sehr verunsichert. Sie fühlen sich nicht mehr geliebt, werden weniger auf Händen getragen und stehen nicht mehr im alleinigen Fokus des Partners. In ihnen entsteht dann die Angst, dass es sich in dieser ersten Phase abermals nur um eine Lovebombing-Phase gehandelt haben könnte, und sie befürchten, nun in die Abwertungsphase einer toxischen Beziehung zu rutschen.

> Auch in gesunden Beziehungen lässt das Verliebtheitsgefühl der ersten Phase irgendwann nach.

Aber ich kann dich beruhigen: In dieser zweiten Phase einer gesunden Beziehung nehmen beide einfach die rosarote Brille ab. Dadurch erkennt man Unterschiede und auch die eine oder andere Eigenschaft, die einem am anderen nicht so gut gefällt.

Da aber niemand frei von Fehlern ist, wird sich die wahre Liebe erst einstellen, wenn wir bereit sind, Kompromisse einzugehen und dem anderen (wie uns selbst auch) Fehler einzugestehen. Diese zweite Phase dauert meistens drei bis vier Jahre und hier wird sich zeigen, ob man wirklich füreinander geschaffen ist oder nicht. Denn häufig kommt es in dieser Phase zur Trennung, da die Partner die kontroversen Streitereien nicht aushalten können.

In der dritten Phase bekommt die Tatsache, dass wir unseren Partner verändern wollen, eine noch größere Dynamik. Immer wieder verstricken wir uns in kleinere oder größere Macht- und Konkurrenzkämpfe. Auch das triggert Menschen aus toxischen Partnerschaften enorm, da sie denken, der Partner beginnt nun damit, sie zu manipulieren, genauso wie der Narzisst das früher mit ihnen getan hat.

Hier ist es wichtig, immer wieder abzugleichen, welche narzisstischen Zeichen wirklich beim Partner zu finden sind, und auch, welche du selbst eventuell anwendest. Denn in einer gesunden Partnerschaft versuchen beide, den Partner zum eigenen Vorteil zu verändern. Habe also immer auch deinen Eigenanteil im Blick. Zweifel, ob dieser Partner wirklich der Richtige ist, treten auch in gesunden Partnerschaften auf und sollten einen nicht zu sehr verunsichern.

> Lerne, zwischen normalen Meinungsverschiedenheiten und echten narzisstischen Verhaltensweisen zu unterscheiden.

Mir ist wichtig, dass du verstehst, dass Streit, Konkurrenzkämpfe, Kritik und Diskussionen auch zu einer gesunden Partnerschaft dazugehören.

Hat man aber erst einmal die Stärken und Schwächen des Partners erkannt und akzeptiert, geht die Beziehung in die vierte Phase über: Jetzt weiß man genau, was man an dem anderen hat, und hört auf zu kämpfen und ihn verändern zu wollen. Man begegnet sich auf Augenhöhe, lässt dem anderen Freiräume, genießt aber auch die Zweisamkeit.

In der letzten und fünften Phase der Beziehung sind beide wirklich angekommen. Die Liebe ist tief, vertraut und wundervoll. Jeder darf sich so geben, wie er ist, ohne Angst davor, verlassen zu werden. Gemeinsame Höhen und Tiefen verbinden beide fest miteinander. Die Beziehung steht auf einem stabilen Fundament. Das Motto „gemeinsam gegen oder mit dem Rest der Welt" wird zum Beziehungsmuster. Voll Vertrauen, Liebe und Respekt geht man nun gemeinsam durchs Leben.

Auch in gesunden Partnerschaften wird gestritten.

Im Erwachsenenalter entwickeln wir unsere Persönlichkeit immer in den Beziehungen, die wir zu anderen Menschen haben – insbesondere in den Partnerschaften. Diesen Raum zur Heilung und Entwicklung darfst du dir ruhig nehmen.

Durch die schlechten Erfahrungen, die du in toxischen Beziehungen gemacht hast, ist es verständlich, dass du Angst hast, dich erneut zu verlieren und zu Schaden zu kommen. Wäge deshalb bitte immer genau ab, ob du dir selbst trotz der Streitigkeiten und Diskussionen noch treu bleiben kannst, oder dich innerlich geschwächt fühlst. Solltest du merken, dass du dich zunehmend aufgeben musst und dich veränderst, und sollten dich die Menschen um dich herum ganz direkt darauf aufmerksam machen, dann sei bedacht genug, diese Beziehung infrage zu stellen.

Obwohl wir uns sicher alle danach sehnen, die fünfte Stufe der Beziehung zu erreichen, müssen wir unsere seelische Gesundheit weiterhin im Blick haben. Hast du das große Glück, über die schwierigere zweite und dritte Phase hinwegzukommen, darfst du sehr stolz auf dich und deine Partnerschaft sein. Denn die kleinen negativen Beziehungserlebnisse zu überwinden und das Vertrauen und die Offenheit für einen neuen Partner mitzubringen, ist der Verdienst deiner eigenen gestärkten Persönlichkeit.

*Du lernst aus deinen Erfahrungen,
daher war keine umsonst.*

Was du aus deinen vergangenen Beziehungen gelernt hast

Was denkst du? Wie werden die negativen Erfahrungen aus den toxischen Beziehungen wohl dein Leben beeinflussen? Was ist dir durch die Zeit mit dem Narzissten über dich selbst bewusst geworden? Was kannst du nun verändern und worauf wirst du mehr achten?

Narzissmus kann man durchaus als Chance verstehen, denn es hat ja auch etwas mit dir zu tun, dass du diese Menschen anziehend findest – ich hoffe, mit diesem Buch ist dir das etwas klarer geworden.

Da du dich aufgrund der Erfahrungen deiner Kindheit als unzulänglich, ungeliebt oder falsch empfunden hast, konnten toxische Partner die Knöpfe drücken, die dir Schmerzen verursacht haben. Das bist du aber nicht! Du bist eine ganz wundervolle Person und es wird höchste Zeit, dass du das erkennst. Genau deshalb sind diese Menschen in dein Leben getreten: um dieses Bewusstsein in dir zu wecken.

> An einen narzisstischen Partner zu geraten, kann durchaus eine Chance sein.

Ich gebe zu, dass es ein harter und schmerzvoller Weg ist, und es wird auch Menschen geben, denen er zu schmerzvoll ist, um ihn bis zum Ende zu gehen. Diese Menschen werden sich wieder und wieder in toxische Partner verlieben. Ich wünsche dir, dass du nicht dazugehörst und die Chance ergreifst, aus deinen Lebensereignissen zu lernen.

Finde heraus, was du aus deinen toxischen Beziehungen gelernt hast:

1. Was habe ich über mich in dieser Beziehung gelernt?
2. Warum war ich anfällig für diese Beziehung?
3. Welchen Schmerz habe ich aus meiner Kindheit mit mir herumgetragen?
4. Wie kann ich diesen Schmerz heilen?
5. Was möchte ich meinen Eltern dazu noch sagen?
6. Wie lasse ich mich in Zukunft nicht mehr behandeln?
7. Wie gehe ich mit mir selbst ab sofort um?
8. Welche Menschen lasse ich nicht mehr in mein Leben?
9. Wie stelle ich mir mein zukünftiges Leben und mein zukünftiges Ich vor?
10. Was von all meinen Erkenntnissen werde ich als Erstes umsetzen?

Du erkennst jetzt sicher selbst, wie viel du über dich und deine Vergangenheit gelernt hast. Du siehst deutlich die unbewussten Defizite, die dich immer ausgebremst haben und dich nie wirklich haben glücklich sein lassen. Du kannst nun deine eigenen inneren Blockaden aufspüren und sie lösen.

Du solltest noch wissen, dass jede Information, die von außen kommt, zunächst am emotionalen Teil des Gehirns, der Amygdala, andockt. Daher kommt es erst einmal zu einer sehr emotionalen Reaktion, die der Körper aber chemisch in nur 90 Sekunden abgebaut hat, sodass du dann wieder klar denken kannst. Nutzt du anschließend deine kognitiven Fähigkeiten, bist du in der Lage, die Situation genauer zu analysieren.

> Wenn unsere wunden Punkte getriggert werden, kann es zu unbeabsichtigten Überreaktionen kommen.

Ich habe auf www.katjademming.com/meditationen-buch eine schöne Meditation für dich, für Situationen, in denen du emotional aufgewühlt bist Damit kannst du dich beruhigen und bei dir ankommen. Diese Meditation schenkt dir Ruhe und Stärke.

In deiner neuen, gesunden Beziehung wirst du sicherlich auch mal Gefühle wie Ablehnung, Abwertung und Eifersucht spüren. Es kann passieren, dass du dann überreagierst, weil dir der Schmerz so bekannt vorkommt. Versuche diese Ereignisse von deinen alten Wunden zu trennen.

Ich zum Beispiel habe durch meine Kindheitserfahrungen immer wieder ein Problem beim Gefühl von Ablehnung. Kann mein Partner etwas nicht so machen, wie ich es mir wünsche, dann löst das immer noch ein ganz ungutes Gefühl in mir aus, das mich emotional kurz belastet. Doch schon nach kurzer Zeit kann ich mir sagen, dass mein Partner nicht wie mein Vater ist, sondern dass es ihm gerade schlichtweg nicht möglich ist, er mich aber trotzdem liebt.

Es ist enorm wichtig, dass wir unsere Triggerpunkte kennen und sie immer wieder bewusst vom alten Schmerz trennen. Sonst überwältigen uns die alten Verletzungen so stark, dass wir falsche Rückschlüsse ziehen und unangemessen reagieren. Depressive Verstimmungen sind hier häufig die Folge, daher ist das Aufarbeiten vergangener negativer Erlebnisse für ein entspannteres, glücklicheres Leben unersetzlich.

Das Leben ist ein Puzzle, welches durch Dankbarkeit vervollständigt wird.

Warum du dem Narzissten dankbar sein darfst

Ich wette, als du diese Überschrift gelesen hast, warst du leicht geschockt, vielleicht sogar wütend. Ich hoffe, mittlerweile siehst du das anders.

Mir wurde vor zehn Jahren bewusst, warum sich die Dinge auf bestimmte Weise in meinem Leben ereignet haben und weshalb ich nie richtig glücklich war. Heute bin ich meinen narzisstischen

Ex-Partnern sehr dankbar dafür, dass sie in mein Leben getreten sind, denn sie haben mir dabei geholfen, meine Augen zu öffnen und genauer bei mir selbst hinzuschauen. Sie haben mir die Chance gegeben, mich besser kennenzulernen, für mich zu sorgen und mich zu lieben. Durch sie habe ich meine eigene Erziehung hinterfragt und meinen Erziehungsstil verändert.

> Jede Begegnung und jedes Ereignis in deinem Leben hat eine Bedeutung.

Heute weiß ich, was es heißt, glücklich zu sein, geliebt zu werden, vertrauen zu können und in mir zu ruhen. Ich habe eine ganz wundervolle Beziehung zu meinen Kindern. Wir leben mittlerweile auf Augenhöhe miteinander, wie in einer WG. Jeder trägt seinen Teil dazu bei. Wir sind alle füreinander da und fördern und unterstützen uns gegenseitig.

Ich habe durch meine Erfahrung mit toxischen Menschen einen neuen Beruf erlernt, der meine Berufung geworden ist. Ohne meine narzisstischen Partner wäre ich heute nicht der Mensch, der ich bin, und könnte nicht dieses traumhafte Leben führen. Auch wenn es sich für dich vielleicht befremdlich anhört: Ich bin wirklich aus tiefstem Herzen dankbar dafür, dass mich die Narzissten aus meinem Dornröschenschlaf geweckt haben. Auch wenn es noch ein langer Weg ist und es dir sicherlich oftmals noch wehtut, steckt die Chance auf Heilung in der Erkenntnis und der Bewusstmachung deiner aktuellen Situation.

Diese kranken Beziehungen haben dich in die Lage versetzt, eine gesunde Beziehung zunächst zu dir selbst und dann zu einem liebevollen Partner aufzubauen. Wenn du alles, was du in diesem Buch erklärt bekommen hast, für dich nutzt, dann kannst du dein Leben auf ein neues Level bringen.

> Du bist es wert, geliebt zu werden, und kannst dein Leben positiv verändern.

Ich wünsche dir von Herzen die dafür notwendige Erkenntnis, die Kraft der Transformation und den Mut zu heilen. Alles, was du wissen musst, um dies zu erreichen, steckt jetzt in dir.

Sollten Momente kommen, in denen du dich selbst verlierst, dann nimm dir dieses Buch wieder zur Hand und schaue, was dir wichtig war und was du gelernt hast. Vielleicht hast du auch Lust, die Fragen in einem Jahr noch einmal neu für dich zu beantworten. Dann wirst du sehen, wie weit du schon gekommen bist und wie positiv du dich entwickelt hast.

Dieses Buch kann ein lebenslanger Begleiter für dich sein. Es liegt an dir, was du daraus machst. Ich wünsche dir für diese magische Reise von ganzem Herzen alles erdenklich Gute. Sorge gut für dich.

DANKSAGUNG

Es ist mir schon lange eine wichtige Herzensangelegenheit, dieses Buch zu schreiben, und ich bin dem ganzen Team des humboldt Verlags sehr dankbar für diese großartige Möglichkeit. Besonders danke ich meiner Lektorin Katja Koschate für ihr großes Vertrauen in mich und meine Arbeit, für ihre liebevolle Art und ihre sehr kompetente Unterstützung. Ich habe mich bei dir immer verstanden gefühlt und weiß es sehr zu schätzen, dass du meine Wünsche so oft mit einfließen lassen hast. Ein herzliches Dankeschön gilt auch meiner freien Lektorin Meike Key, die sich ganz akribisch durch all meine Fehlerteufel gearbeitet und dieses Werk durch einige ihrer wundervollen Gedanken und Impulse bereichert hat. Du hast mich so oft mit deinen Kommentaren zum Lachen gebracht und mich mit deinem überaus wertschätzenden Feedback sehr erfreut. Ich hätte keine bessere Lektorin bekommen können.

Aus tiefster Seele möchte ich meinem Mann Max danken, der mir unfassbar stark zur Seite steht, mich motiviert, unterstützt, mich protegiert und immer für mich da ist. Mit deinem großen Vertrauen in mich hast du mir beigebracht, mehr an mich zu glauben und stolz auf mich zu sein. Durch dich durfte ich die wahre Liebe kennenlernen. Möge sich unser Traum erfüllen, dass wir eines Tages gemeinsam alt und schrumpelig auf einer Bank sitzen und händchenhaltend auf den See schauen.

Ich danke meinen Kindern, Leon und Nele, die mir den Raum gegeben haben, dieses Buch zu schreiben und mir während dieser Zeit den Rücken freihielten. Danke, dass ihr meine strengsten, aber gleichzeitig auch meine liebevollsten Kritiker seid. Ich bin sehr dankbar und stolz darauf, eure Mama sein zu dürfen.

Nicht zuletzt möchte ich mich bei allen Narzissten bedanken, die in mein Leben getreten sind. Durch euch bin ich erst zu dem Menschen geworden, der ich jetzt bin. Ich kann meine Berufung leben, und damit hat mein Leben einen noch tieferen Sinn bekommen.

Ich danke auch dir, liebe Leserin und lieber Leser, für die Aufmerksamkeit, die du diesem Buch entgegengebracht hast. Ich hoffe, du bist beim Lesen gewachsen und kannst nun deine Ängste überwinden und die nötigen Schritte der Veränderung gehen. Ich wünsche dir, dass du heilst, deinen Frieden findest und immer mehr bei dir ankommst. Möge tiefe Liebe deinen Weg begleiten.

LITERATUR

American Psychiatric Association: Diagnostisches und Statistisches Manual Psychischer Störungen DSM-5®. Deutsche Ausgabe, 2. Aufl., Göttingen: Hogrefe Verlag 2018.

Bonelli, Raphael M.: Männlicher Narzissmus. Das Drama der Liebe, die um sich selbst kreist, 2. Aufl., München: Kösel-Verlag 2017.

Branden, Nathaniel: Die 6 Säulen des Selbstwertgefühls. Erfolgreich und zufrieden durch ein starkes Selbst, München: Piper Verlag GmbH 1995.

Csef, Herbert: Leben wir in einer narzisstischen Gesellschaft? in: Internationale Zeitschrift für Philosophie und Psychosomatik, Ausgabe 2/2015. Online unter URL: https://d-nb.info/1081575700/34 (Stand: Dezember 2020).

Dispenza, Dr. Joe: Du bist das Placebo. Bewusstsein wird Materie, Dorfen: KOHA-Verlag GmbH 2014.

Duncker Heinfried/Astrid Hirschelmann: Affekt und Gewalt in Liebesbeziehungen. Narzissmus und Trennung, in: psychosozial 121. Stalking zwischen Psychoanalyse und Strafrecht, Jg. 33, Nr. 121, 2010, S. 33–43. Online unter URL: https://www.psychosozial-verlag.de/26208 (Stand Dezember 2020).

Evans, Melanie Tonia: You Can Thrive After Narcissistic Abuse. The #1 System for Recovering from Toxic Relationships, London: Watkins Publishing 2018.

Forschung und Wissen: Die 5 Phasen der Liebe in einer Beziehung. Online unter URL: https://www.forschung-und-wissen.de/magazin/die-5-phasen-der-liebe-in-einer-beziehung-13372118 (Stand: Dezember 2020).

Fromm, Erich: Die Kunst des Liebens, New York: Harper & Row 1956.

Grüttefien, Sven: Wie lebe ich mit einem Narzissten? Wie Sie sich in einer Beziehung mit einem Narzissten stärken und richtig verhalten können, Norderstedt: BoD 2016.

Kernberg, Otto F./Hans P. Hartmann: Narzissmus. Grundlagen – Störungsbilder – Therapie, Stuttgart: Schattauer GmbH 2006.

Miller, Alice: Das Drama des begabten Kindes und die Suche nach dem wahren Selbst, Frankfurt am Main: Suhrkamp Verlag 1979.

Moskaliuk, Johannes: Leistungsblockaden verstehen und verändern. Psychologisches Praxiswissen für Coaches und Führungskräfte, Berlin: Springer 2016.

Röhr, Heinz-Peter: Wege aus der Abhängigkeit. Destruktive Beziehungen überwinden, München: Deutscher Taschenbuch Verlag 2008.

Stahl, Stefanie: Jeder ist beziehungsfähig. Der goldene Weg zwischen Freiheit und Nähe, München: Kailash Verlag 2017.

Thomas, Shannon: Healing from Hidden Abuse. A Journey Through the Stages of Recovery from Psychological Abuse, MAST Publishing House 2016.

Wardetzki, Bärbel: Weiblicher Narzissmus. Der Hunger nach Anerkennung, München: Kösel-Verlag 1991.

Winnicott, Donald W.: Reifungsprozesse und fördernde Umwelt, 3. Aufl., Gießen: Psychosozial-Verlag 2020.

Erste Hilfe, wenn es kracht!

- **Top-Autorin:** Silke Weinig arbeitet erfolgreich als Coach, Trainerin und Bloggerin für Selbstmanagement
- Mit konkreten Lösungsvorschlägen, um schwierige Situationen zu entschärfen und Konflikte zu vermeiden
- Für ein gutes Selbstmanagement und einen gelassenen Umgang mit schwierigen Menschen

Stand 2021. Änderungen vorbehalten.

Silke Weinig
Mit schwierigen Menschen klarkommen
184 Seiten, Softcover
14,5 x 21,5 cm
ISBN 978-3-86910-111-8
€ 19,99 (D) / € 20,60 (A)

Der Ratgeber ist auch als eBook erhältlich.

…bringt es auf den Punkt.

Bibliografische Information der Deutschen Nationalbibliothek
Die Deutsche Nationalbibliothek verzeichnet diese Publikation in der deutschen
Nationalbibliografie; detaillierte bibliografische Daten sind im Internet über
https://dnb.de abrufbar.

ISBN 978-3-8426-4235-5 (Print)
ISBN 978-3-8426-4236-2 (PDF)
ISBN 978-3-8426-4237-9 (EPUB)

Originalausgabe

© 2021 humboldt
Die Ratgebermarke der Schlüterschen Verlagsgesellschaft mbH & Co. KG
Hans-Böckler-Allee 7, 30173 Hannover
www.humboldt.de
www.schluetersche.de

Aus Gründen der besseren Lesbarkeit wurde in diesem Buch die männliche Form gewählt, nichtsdestoweniger beziehen sich Personenbezeichnungen gleichermaßen auf Angehörige des männlichen und weiblichen Geschlechts sowie auf Menschen, die sich keinem Geschlecht zugehörig fühlen.

Autorin und Verlag haben dieses Buch sorgfältig erstellt und geprüft. Für eventuelle Fehler kann dennoch keine Gewähr übernommen werden. Weder Autorin noch Verlag können für eventuelle Nachteile oder Schäden, die aus in diesem Buch vorgestellten Erfahrungen, Meinungen, Studien, Therapien, Methoden und praktischen Hinweisen resultieren, eine Haftung übernehmen. Insgesamt bieten alle vorgestellten Inhalte und Anregungen keinen Ersatz für eine psychologische Beratung, Betreuung und Behandlung.

Lektorat: Meike Key, KeyTextwork, Rueil-Malmaison
Covergestaltung: ZERO, München
Covermotiv: shutterstock/retrorocket, mamaruru
Satz: PER MEDIEN & MARKETING GmbH, Braunschweig
Druck und Bindung: gutenberg beuys feindruckerei GmbH, Langenhagen